INTERPRETATIONSHILFE DEUTSCH

Franz Kafka

Die Verwandlung
Das Urteil

Interpretiert von Martin Brück

STARK

Bildnachweis:
Umschlag: © Hartmut Binder Archiv, Ditzingen
S. 3: © Archiv Klaus Wagenbach Berlin

Dieser Band wurde nach der neuen Rechtschreibung abgefasst.

ISBN: 3-89449-440-9

D-85318 Freising · Postfach 1852 · Tel. (0 81 61) 1790

Inhalt

Vorwort

Liebe Schülerin, lieber Schüler,

wie der Titel dieser Reihe schon sagt, will Ihnen die Interpretationshilfe zu Kafkas Erzählungen *Die Verwandlung* und *Das Urteil* keine fertigen Deutungen oder gar Aufsatzmuster liefern, sondern Sie bei Ihrer Auseinandersetzung mit diesen ebenso spannenden wie anspruchsvollen Texten hilfreich begleiten.

Neben **grundlegenden Informationen** (Biografie, Entstehungsgeschichte) und **ausführlichen Inhaltsangaben** zur schnellen Orientierung im Handlungszusammenhang bietet sie in den Abschnitten **‚Textanalyse und Interpretation'** inhaltliche Aspekte der Behandlung, die im Unterricht oder bei Klausuren eine Rolle spielen können (‚Personen', ‚Thematische Schwerpunkte') und je nachdem individuelle Schwerpunktsetzungen erlauben; sie werden in Beziehung gesetzt zu formalen Gesichtspunkten (‚Aufbau', ‚Erzählweise' und ‚Sprache' sowie ‚Literarische Form'), die das – insbesondere für schriftliche Interpretationen – notwendige Instrumentarium vermitteln. Die im Kapitel **‚Werk und Wirkung'** vorgestellten Deutungsansätze der Fachwissenschaft sollen schließlich zu einer vertieften Beschäftigung mit Kafkas Werken und nicht zuletzt zu einer kritischen Überprüfung des eigenen Verständnisses anregen.

Martin Brück

Einführung

„Das Geheimnis ist ein Element jeder großen Dichtung.“[1] Die Formulierung, mit der Wilhelm Emrich seine große Kafka-Studie von 1957 einleitet, bleibt gültig. Auch heutige Schüler, befragt nach ihren Lektüreeindrücken, betonen das Rätselhafte der Erzählwelt Kafkas, und gerade daran scheiden sich die Geister. Geschmacksurteile, die auf die Wirkung dieser ‚geheimnisvollen Dichtung‘ reagieren, reichen von ‚spannend‘ und ‚faszinierend‘ bis hin zu ‚bedrohlich‘ oder ‚abstoßend‘. Allen diesen Wertungen ist indes gemeinsam, dass sie eine starke persönliche Betroffenheit anzeigen. Sie hinterlassen letztlich eine große Unsicherheit, was die besonderen Qualitäten dieses Werks anbelangt. So verwundert es nicht, dass in den fünfziger Jahren, als Kafkas Arbeiten mit einiger Verspätung im deutschsprachigen Raum ein breites Publikum in ihren Bann schlugen, der Begriff ‚kafkaesk‘ aufkam, um dieser Verlegenheit ein Ende zu setzen; allerdings nur scheinbar, denn durch eine Vielzahl nun ‚kafkaesk‘ schreibender Autoren wurde die als Notbehelf entstandene Bezeichnung immer beliebiger und schließlich auch auf alltägliche Situationen bezogen, die man eben als ‚bedrohlich‘ oder ‚unüberschaubar‘ empfand. Nun meint ‚kafkaesk‘ aber keinesfalls nur solche inhaltlichen Aspekte, sondern in erster Linie ihre besondere – eben für Kafka typische – literarische Gestaltung, die Gewöhnliches und Ungewöhnliches, Alltag und Alptraum so aufeinander bezieht, dass ein verstörender Umschlag stattfindet: alltägliche Dinge erscheinen nun plötzlich fremd und doppelbödig, der Alptraum richtet sich in der Normalität ein und gewinnt eine – oft erschreckende – realistische Logik.

Wer sich zum ersten Mal mit Kafka beschäftigt, wird nach der Lektüre eine mehr oder weniger große Ratlosigkeit empfinden, sich vielleicht zunächst ganz ausgeschlossen fühlen von dieser zunächst wenig zugänglichen, aber in sich konsequent gestalteten Erzählwelt. Gibt er nicht auf, so muss er zu einem ‚detektivischen Leser' werden, der die Texte nach ‚Indizien' durchkämmt, um ihrem Rätsel – vielleicht – auf die Spur zu kommen. Zu einer solchen ‚detektivischen Lektüre' möchten die vorliegende Interpretationshilfe anregen. Auch *Die Verwandlung* und *Das Urteil* entziehen sich einem schnellen Verständnis, zumal dann, wenn die Titel dieser Erzählungen bestimmte Erwartungen – etwa im Hinblick auf Horror- und Kriminalgeschichten – aufrufen sollten, die sie nicht im üblichen Sinne erfüllen. Beide gehören zum Lektürekanon der gymnasialen Oberstufe und werden oft herangezogen. Einige Gründe dafür sollen im Folgenden skizziert werden:

Beide Erzählungen leisten in besonderer Weise eine **Einführung in Kafkas Werk.** Die Kafkas literarische Welt beherrschende Existenzangst erscheint in ihnen konzentriert auf das Thema des Generationenkonflikts zwischen Vater und Sohn. Ihre genaue Erschließung kann so zu einer weiter gehenden Beschäftigung mit dem Autor führen.

Die **erzählerische Gestaltung** zeigt über die thematische Verwandtschaft beider Werke hinaus zahlreiche Entsprechungen. Andererseits gibt es unterschiedliche Akzentsetzungen bei der Darstellung des Vater/Sohn-Konflikts. In jedem Fall gewährt die gemeinsame Lektüre von *Verwandlung* und *Urteil* den Vorteil einer wechselseitigen Erhellung und eines besseren Verständnisses des einen mithilfe des anderen Textes.

Wie angesichts der Übereinstimmungen nicht anders zu erwarten, stehen beide Erzählungen in einem engen Bezug zur **Biografie des Autors.** Sie führen damit nicht nur zum Gesamtwerk, sondern auch zur Lebensgeschichte Kafkas hin. Überdies bietet sich hier die Chance, genau verfolgen zu können, wie persönliche Erfahrungen in eine literarisch gültige Form übersetzt werden, die so viele Leser unmittelbar ergreift.

1 Biografische Hintergründe

Franz Kafka wurde am 3. Juli 1885 als Sohn des Kaufmanns Hermann Kafka und seiner Frau Julie, geborene Löwy geboren; von seinen fünf jüngeren Geschwistern starben die beiden Brüder wenige Monate nach der Geburt, während von den drei Schwestern (Elli, Valli und Ottla) vor allem Ottla für seinen weiteren Lebensweg von Bedeutung sein sollte. Hermann Kafka, der Sohn eines Fleischhauers, stammte aus ärmlichen Verhältnissen, betätigte sich als Wanderhändler – eine Vorform des modernen Vertreters – und siedelte 1882 nach Prag über, wo er ein Galanteriewarengeschäft (Modeartikel, Kurzwaren) gründete und Julie heiratete. Kafkas Mutter gehörte zum wohlhabenden deutsch-jüdischen Bildungsbürgertum, und im Kontrast zur einfachen und bodenständigen Herkunft ihres Mannes finden sich in ihrer Familie neben Akademikern und jüdischen Schriftgelehrten auch einige Exzentriker. Dieser Kontrast spiegelt sich auch in der unterschiedlichen Mentalität der Eltern: Hermann Kafka wird als selbstgerecht, äußerst vital und streitsüchtig, Julie dagegen als empfindsam, zurückhaltend und ohne Durchsetzungskraft gegenüber ihrem Mann, beschrieben.

In seiner Kindheit war Kafka oft allein und ohne feste Bezugsperson, da der Vater die Mitwirkung der Mutter im Geschäft verlangte. Die Familie wohnte in der Altstadt von Prag, der damals – nach Wien und Budapest – drittgrößten Stadt der österreichungarischen Doppelmonarchie. Zwar waren zu diesem Zeitpunkt schon etwa neunzig Prozent der 140 000 Einwohner Tschechen, doch in der Alt- und Josefstadt fand sich die deutsche Bevölkerung, die nach Kapitalbesitz und kultureller Prägung immer noch als gesellschaftliche Oberschicht galt, besonders stark vertreten. Da Kafkas Vater als assimilierter Jude und Kaufmann den Anschluss an diese Schicht suchte, schickte er seinen Sohn 1889 auf die Deutsche Knabenschule und 1893 auf das humanistische Staatsgymnasium, das als Ausbildungsstätte für Juristen und höhere Beamte bekannt war. Kafka war insgesamt ein durchschnittlicher Schüler, der schon damals von Angst und Zweifeln geplagt war. Dennoch bestand er das Abitur und nahm im Wintersemester 1901/02 ein Studium an der Deutschen Universität in Prag auf. Nach ‚Ausflügen' in die Chemie, Kunstgeschichte und Germanistik entschied er sich schließlich widerwillig für die Rechtswissenschaft, in der er 1906 den Doktorgrad erwarb.

Der Eintritt in das Berufsleben erfolgte 1907/08 mit Anstellungen bei Versicherungsgesellschaften: u.a. bei der halbstaatlichen ‚Arbeiter-Unfall-Versicherungsanstalt', die die neuen Rechte der Arbeiter auf Unfallschutz und -versorgung zu vertreten hatte: Kafka dürfte wohl der einzige bürgerliche Schriftsteller seiner Zeit gewesen sein, der Einblick in die Innenwelt der Fabriken mit ihrer anonymen Arbeitsorganisation nehmen konnte. Der aufreibende Dienst, täglich von 8 bis 14 Uhr, sowie das Schreiben vor allem an den Abenden und in den Nächten machten immer wieder Erholungsurlaube erforderlich.

Im Jahre 1912 fanden in Kafkas Lebensgeschichte entscheidende Weichenstellungen statt. In einer Zeit gesteigerter literarischer Produktion – 1912 entsteht neben *Urteil* und *Verwandlung* unter anderem der erste Roman *(Der Verschollene)* – lernt er Felice Bauer kennen, mit der er sich nach einigen Schwierigkeiten zu Pfingsten 1914 verlobt. Die Beziehung zu der jungen Frau aus Berlin spiegelt sich in einer wahren Flut von Briefen. Dabei drängt sich der Eindruck einer ‚Literarisierung' des Verhältnisses auf Kosten der eigentlichen literarischen Tätigkeit auf, womit Kafka offenbar die für ihn zentrale Alternative ‚Leben oder Schreiben' auflösen und beides zur Deckung bringen wollte, was aber nicht gelingen konnte. Dem Freund und späteren Herausgeber seiner Werke, Max Brod, gesteht Kafka,

> „dass ich, wenn ich einmal, außer durch Schreiben […] glücklich sein sollte […] ich dann gerade des Schreibens gar nicht fähig war, wodurch dann alles, es war noch kaum in der Fahrt, sofort umkippte, denn die Sehnsucht zu schreiben hat überall das Übergewicht."[2]

So sehr Kafka einerseits die Gründung einer Familie als Akt der Selbstbehauptung und Rechtfertigung gegenüber dem Vater anstreben musste – er bezeichnet dies im *Brief an den Vater* als „das Äußerste, das einem Menschen überhaupt gelingen kann"[3] – so stark machte sich andererseits jene „Sehnsucht zu schreiben" mitsamt einer tiefsitzenden „Angst vor der Verbindung, dem Hinüberfließen"[4] in der Beziehung zu Felice geltend. Auf die Verlobung folgte schon wenige Wochen später – am 12. Juli 1914 – die Entlobung, die – nach einigen gemeinsam verbrachten Tagen in Marienbad – im Juli 1917 durch eine erneute Verlobung rückgängig gemacht wurde. Nach dem Ausbruch der Lungentuberkulose im August 1917 kam es zur zweiten Entlobung im Dezember desselben Jahres.

Kafkas labiler Gesundheitszustand zwang ihn seit dem Jahr 1903 immer wieder zu Sanatoriumsaufenthalten, von 1917 bis zu seinem Tod in kürzeren Abständen. Den Ausbruch der Krankheit interpretierte er selbst als Resultat extremer psychischer Anspannung im Zusammenhang mit der Beziehungskrise. Die Art und Weise, in der er über seinen Zustand schreibt – zum Beispiel meint er, nun besser schlafen zu können – legt den Schluss nahe, dass – so paradox es auch erscheinen mag – die Tuberkulose als befreiende Entlastung vom Entscheidungsdruck in Sachen Heirat und Familie empfunden wurde. Bei fortgeschrittener Krankheit erfolgte im Juli 1922 mit der seit langem angestrebten Pensionierung auch die Befreiung vom Druck des Berufslebens.

Vom Jahr 1916 an spielte die ‚Lieblingsschwester' Ottla eine wichtige Rolle in Kafkas Leben. Mit seiner Unterstützung absolvierte sie eine landwirtschaftliche Fachausbildung und arbeitete dann als Wirtschafterin auf einem kleinen Landgut in Nordwestböhmen. Für Kafka, der sich noch bis kurz vor seinem Tod mit Auswanderungsplänen nach Palästina trug, war diese beschaulich-ländliche Welt in den Monaten seiner endgültigen Lösung von Felice (Ende 1917) eine Zuflucht. Außerdem stellte ihm die Schwester nach seinem Auszug aus der elterlichen Wohnung im Jahr 1915 in einem von ihr in Prag gemieteten Häuschen ein Domizil zur Verfügung, in dem er ungestört schreiben konnte.

Es sind drei weitere Frauen, die Kafkas letzten Lebensjahren die Richtung gaben: Juli Wohryzek, Milena Jesenska und Dora Diamant. Julie, die Tochter eines Prager Schusters, lernte er 1918 bei einem Kuraufenthalt kennen und verlobte sich mit ihr, doch auch diese Verlobung, die vom Vater aus ‚Standesgründen' abgelehnt wurde, musste scheitern. Zwischen ihm und Milena, seiner Übersetzerin ins Tschechische, entwickelte sich eine intensive Korrespondenz. Es kam zu zwei Begegnungen, eine dauerhafte Beziehung entwickelte sich aber auch hier nicht, da Kafka sie nicht dazu bringen konnte, ihren Mann zu verlassen, und er sich als Jude der christlichen Tschechin gegenüber unterlegen fühlte. Im Juli 1923 verlebt Kafka den Sommerurlaub in Müritz an der Elbe, wo er Dora Diamant kennen lernt, ein ostjüdisches Mädchen. Indem beide eine Wohnung in Berlin nehmen, kann Kafka seinen Traum, Prag zu verlassen, realisieren. Doch schon im März 1924 wird die Rückkehr des Todkranken in die Vaterstadt erforderlich. In einem Sanatorium bei Wien, wohin ihn Dora begleitet, stirbt er am 3. Juni dieses Jahres.

2 Entstehungsgeschichte

Kafka hatte die Absicht, seine Erzählungen *Das Urteil* und *Die Verwandlung* zusammen mit dem Anfangskapitel des 1912/14 entstandenen Romans *Der Verschollene* in einem Band mit dem Titel *Die Söhne* zu veröffentlichen; wie er an seinen Verleger schreibt, bestehe zwischen ihnen „eine offenbare und noch mehr eine geheime Verbindung"[5]. Der „offenbare" gemeinsame Nenner zwischen den Texten besteht gewiss in der – im Titel angezeigten – Vergleichbarkeit der Hauptfiguren, der „geheime" könnte darin liegen, dass sie – bei allen Unterschieden – eine für Kafkas Figuren typische Grundsituation erleben; den Versuch, sich gegenüber dem ‚Vater' zu behaupten.

Das Urteil

> „Diese Geschichte *Das Urteil* habe ich in der Nacht vom 22. bis 23. von zehn Uhr abends bis sechs Uhr früh in einem Zug geschrieben. Die vom Sitzen steif gewordenen Beine konnte ich kaum unter dem Schreibtisch hervorziehen. Die fürchterliche Anstrengung und Freude, wie sich die Geschichte vor mir entwickelte, wie ich in einem Gewässer vorwärtskam. Mehrmals in dieser Nacht trug ich mein Gewicht auf dem Rücken [...] Die in der Mitte der Nacht vergehende Müdigkeit. Das zitternde Eintreten ins Zimmer der Schwestern. Vorlesung [...] Die bestätigte Überzeugung, dass ich mich mit meinem Romanschreiben in schändlichen Niederungen des Schreibens befinde. **Nur so** kann geschrieben werden [...] mit solcher vollständigen Öffnung des Leibes und der Seele."[6]

Der Autor liefert sich der Entstehung der Geschichte hier förmlich aus, die zugleich ambivalente Gefühle hervorruft: Er wird zu einem ‚passiven Medium', das einen Durchbruch schöpferischer Energie erlebt.

Wie steht es nun mit dem unmittelbaren biografischen Umfeld? Hartmut Binder führt in seinem ausführlichen Kommentar zum *Urteil* einige Fakten auf, welche die Entstehung der Erzählung beeinflusst haben könnten: die erste „Begegnung mit Felice Bauer am 13. August, ein Besuch des Kafka innerlich verwandten Madrider Onkels Alfred Löwy, der Geburtstag des Vaters am 14. des Folgemonats, die [...] Max Brods und diejenige seiner [...] Schwester Valli am 15. September ...“[7]. Erläuternd muss hinzugefügt werden, dass Kafkas unverheirateter Onkel mit ihm „Gespräche über seine Lebensform als Junggeselle führt“[8], die eine Alternative darstellt zu dem von Freund und Schwester angestrebten Ehestand. Die von Binder versammelten Ereignisse verweisen allesamt auf zentrale Themen des *Urteils*: den Vater/Sohn-Konflikt, das Junggesellentum des Petersburger Freundes und den Plan Georgs, sich mit Frieda Brandenfeld zu verbinden. Von besonderer Bedeutung für den biografischen Zusammenhang wie auch für das Verständnis der Erzählung ist dabei ganz sicher die Begegnung mit Felice Bauer, an die er am 20. September den ersten von vielen Briefen richtete. Nimmt man die Widmung „An Fräulein Felice B.“ hinzu und briefliche Äußerungen, nach denen *Das Urteil* Felicens Geschichte sei[9], so spricht einiges dafür, dass „in der Nacht vom 22. auf den 23. September 1912 erstmals die innere Auseinandersetzung mit der späteren Braut geführt worden ist.“[10] – *Das Urteil* erschien 1913 in dem von Max Brod herausgegebenen Jahrbuch für Dichtung ‚Arkadia‘ des Leipziger Kurt Wolff Verlages.

Die Verwandlung

Am 17. November 1912 berichtet Kafka seiner Verlobten, dass die Arbeit an seinem Amerika-Roman *Der Verschollene* ins Stocken geraten sei und er nun eine „kleine Geschichte“ zu Papier bringen wolle[11].

Hartmut Binder hat anhand der Tagebücher und Briefe nachgewiesen, dass Kafka auch diese Erzählung in einem Zug niederschreiben wollte, gleichsam um sich durch die Niederschrift von ihr zu befreien; ihr erster Teil war zunächst als abgeschlossener Text gedacht. Den ursprünglichen Erzählanlass sieht Binder in einer gewissen „Trauer und Trostlosigkeit“ Kafkas aufgrund der in diesen Tagen unterbrochenen brieflichen Korrespondenz zwischen ihm und Felice; er „war, wie der melancholische Gregor Samsa, zunächst unfähig, das Bett zu verlassen.“

Die Fortsetzung des ersten Kapitels ergab sich wohl vor allem aus der Notwendigkeit, das im ersten Teil nur angedeutete Verhältnis Gregors zu seiner Schwester Grete, in der sich „Kafkas Verhältnis zu Felice mit demjenigen zu Ottla überlagert“[12], auszuführen. So gewann die Erzählung als literarisches Projekt zunehmend an Eigenständigkeit gegenüber ihrem biografischen Anlass, zumal sich die Beziehung zu Felice zwischenzeitlich normalisiert hatte. – Neben Gregor und seiner Schwester ist der Vater die dritte zentrale Figur der *Verwandlung*. Hier ist es aufschlussreich zu wissen, dass Hermann Kafkas Situation in den Jahren 1912/13 durch geschäftliche Misserfolge und Krankheit – vermutlich eine Arterienverkalkung – gekennzeichnet war:

> „Kafka selbst war in dieser Situation der Einzige, der von seinem Vater finanziell unabhängig war [...] Nun hatte er sich aber als stiller Teilhaber mit Geldeinlage an einer im Familienbesitz befindlichen Asbestfabrik beteiligt und haftete deswegen mit seinem ganzen Besitz dafür [...] Die Vorwürfe, die er dauernd von seinem Vater wegen der Vernachlässigung der Fabrik bekam, besonders auch im Oktober 1912 [...], und die leicht auszudenkende Möglichkeit, bei plötzlich einsetzender schlimmer Krankheit seines Vaters oder drohendem geschäftlichen Ruin an dessen Stelle treten zu müssen [...], beschworen offenbar [...] die Gefahren einer ihm unter Umständen drohenden Lebensweise herauf, die in Gregors anfänglicher Position innerhalb seiner Familie – er trägt zunächst deren Lebensunterhalt allein – erzählerischen Ausdruck findet.“[13]

Die Verwandlung erschien zunächst im Oktober 1915 in der Monatsschrift *Die weißen Blätter* und noch im gleichen Jahr als Einzeldruck in der Reihe *Der jüngste Tag* des Kurt Wolff Verlages, die moderner zeitgenössischer Prosa gewidmet war.

Die Verwandlung

1 Inhaltsangabe

I. Kapitel

„Als Gregor Samsa eines Morgens aus unruhigen Träumen erwachte, fand er sich in seinem Bett zu einem ungeheuren Ungeziefer verwandelt.“(S. 23) Der erste Satz der Erzählung enthält bereits die Ausgangssituation, aus der sich alle weiteren Ereignisse mit Zwangsläufigkeit ergeben. Nüchtern benennt er die „unerhörte Begebenheit“ – nach Goethe das Zentrum einer jeden Novelle –, die der erwachende Gregor Samsa passiv („...fand er sich ...“) erlebt und deren Ursache – vielleicht die „unruhigen Träume“ – sowie Vorgeschichte der aufmerksame Leser sich erschließen muss. Schon das erste Kapitel legt Spuren aus, die dabei hilfreich sein können: Die zentralen Personen werden eingeführt und anhand ihrer unterschiedlichen Reaktionen auf die Verwandlung charakterisiert; insofern könnte man von einer **Exposition** der Novelle sprechen.

In einem ersten Erzählabschnitt erleben wir Gregor allein in seinem Zimmer. Auf die Wahrnehmung des veränderten Körpers (S. 23) folgt ein Orientierungsversuch im Raum. Dem entsprechen mehrere Anläufe zu einer inneren Orientierung durch Erklärungsversuche: Gregor glaubt, nicht ausgeschlafen zu haben (S. 24), denkt an seinen „anstrengenden Beruf“ als Handlungsreisender und die besonders bedrückende „Schuld der Eltern“ dem Chef gegenüber (S. 24/25); er erwägt schließlich eine Krankmeldung, was aber der „Peinlichkeit“ wegen verworfen wird. Diese hilflos wirkenden Rationalisierungen stehen im Widerspruch zu ersten Erfahrungen mit seinem neuen Körper, der sich der Ausführung gewohnter Bewegungen widersetzt (S. 24).

Die Situation spitzt sich in der **zweiten Erzählphase** zu, als die anderen Familienmitglieder in Erscheinung treten, zunächst freilich indirekt: Die Mutter klopft „vorsichtig an die Tür am Kopfende des Bettes“ (S. 26), der Vater „schwach, aber mit der Faust“ „an der einen Seitentür“ (S. 26); die Schwester aber „klagte leise“ an „der anderen Seitentür“ (S. 26). Gregor, der alle drei Türen „während der Nacht“ zugesperrt hält (S. 27), macht gleichzeitig die erschreckende Erfahrung, dass ihm nun auch seine Stimme nicht mehr gehorcht, in die sich „ein nicht zu unterdrückendes, schmerzliches Piepsen mischte“ (S. 26). Von der Familie ‚umzingelt‘, sieht er sich nun veranlasst, ans Aufstehen zu denken, was durch den – vorher schon bemerkten – Widerstand seines Körpers unmöglich gemacht wird und weitere Schmerzen verursacht (S. 27). Erneute Blicke aus dem Fenster und Erinnerungen an die Uhrzeit (S. 29), die das Leben des Handlungsreisenden zu regieren scheint, treten in einen immer deutlicher werdenden Widerspruch zu Gregors körperlicher Hilflosigkeit. Mithilfe einer „neue(n) Methode“ (S. 29) gelingt es ihm schließlich, „mit aller Macht“ aus dem Bett zu fallen (S. 30), was von den Außenstehenden bemerkt wird. Zur Familie hat sich inzwischen der Prokurist, Gregors Vorgesetzter, gesellt, wodurch jener unter verschärften Rechtfertigungsdruck gerät; der Prokurist befindet sich mit dem Vater „im Nebenzimmer links“ (S. 31), während die Schwester aus dem „Nebenzimmer rechts“ Gregor flüsternd über den Stand der Dinge informieren will (S. 31); die Mutter versucht, den Prokuristen zu beschwichtigen, indem sie auf Gregors nahezu vollständige Identifikation mit seinem Beruf hinweist und ein mögliches Unwohlsein vermutet (S. 31). Sie kann ihn jedoch nicht daran hindern, eine wahre Strafpredigt voller Unterstellungen (Diebstahl anvertrauter Gelder), Vorwürfen (unbefriedigende Leistungen) und Drohungen (Kündigung) an Gregor zu richten (S. 33), die dieser mit einem ebenso unterwürfigen Monolog beantwortet: „Schonen Sie meine Eltern! Für alle die Vorwürfe, die Sie mir jetzt machen, ist ja kein Grund …“ (S. 34). Darauf folgen verzweifelte Anstrengungen, mithilfe verschiedener Möbel in eine Position zu gelangen, die ihm das Öffnen der Tür ermöglicht. Währenddessen haben seine unartikulierten Laute die Außenstehenden in Schrecken versetzt, was zu unterschiedlichen Reaktionen führt: Die Schwester will einen „Arzt" holen, der Vater aber ruft nach einem „Schlosser" (S. 35). Gregor, dem indes seine eigene Stimme „klar, klarer als früher" vorkommt (S. 35), gelingt es, „mit dem Mund den Schlüssel im Schloss umzudrehen" (S. 36) und schließlich „die Türe gänzlich zu öffnen" (S. 37). Damit ist die Voraussetzung für den dritten Erzählabschnitt des ersten Kapitels gegeben: Gregors ‚Begegnung' mit seiner Familie. Die vorher schon deutlich gewordenen Reaktionsweisen der einzelnen Personen treten nun verstärkt in Erscheinung; der Prokurist drückt „die Hand gegen den offenen Mund" und zieht sich langsam zurück (S. 37), die Mutter „fiel inmitten ihrer Röcke nieder, das Gesicht zu ihrer Brust gesenkt", der Vater dagegen „ballte mit feindseligem Ausdruck die Faust …" (S. 37). In dieser Situation sucht Gregor zum dritten Mal Halt und Orientierung in Beobachtungen, die sich wieder durch das Fenster hindurch und diesmal auf ein „Krankenhaus" richten (S. 38) sowie auch innerhalb der Wohnung einzelne Gegenstände fixieren (S. 38).

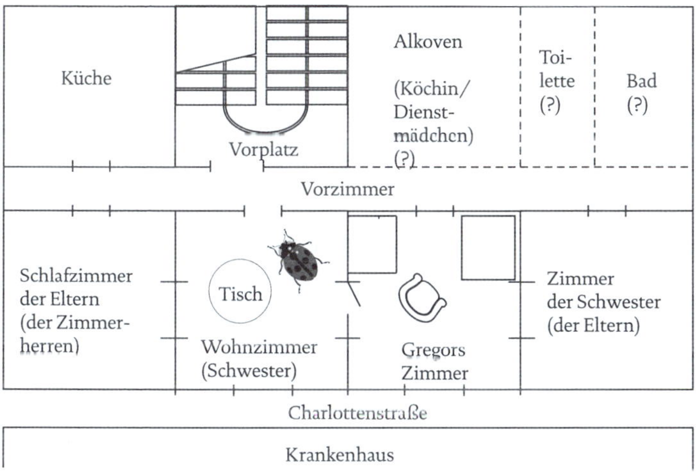

Es folgt eine zweite ‚Ansprache' an den Prokuristen, erneut voller Entschuldigungen und Bekundungen des guten Willens: „Ich bin in der Klemme, ich werde mich aber auch wieder herausarbeiten. Machen Sie es mir aber nicht schwieriger, als es schon ist. Halten Sie im Geschäft meine Partei!" (S. 39); beim Prokuristen löst diese Rede allerdings keine Antwort mehr aus, sondern eine panikartige Flucht mit Bewegungen, „als habe [er] sich soeben die Sohle verbrannt." (S. 40). In einer – inzwischen für ihn typischen – Verkennung seiner Möglichkeiten will ihn Gregor einholen und zum Bleiben bewegen, um Schlimmeres zu verhindern, doch beim Versuch, den „Türflügel" zu verlassen (S. 40), fällt er „mit einem kleinen Schrei auf seine vielen Beinchen nieder und empfindet „zum erstenmal an diesem Morgen ein körperliches Wohlbehagen ..." (S. 40/41). Diese ‚befreiende Anpassung' an seine körperlichen Gegebenheiten – er kann sich nun mühelos fortbewegen – löst jedoch bei der Mutter hysterische Angstreaktionen und beim Vater, der den „Stock" des inzwischen über die Treppe geflohenen Prokuristen ergreift (S. 42), ebenso heftige Aggressionen aus. In allen Fällen werden Gregors gute Absichten verkannt, sein Verhalten wird dem Augenschein nach beurteilt und völlig falsch interpretiert.

In einem vierten und letzten Abschnitt wird das Geschehen nun auf Vater und Sohn konzentriert und zugleich auf einen abschließenden Höhepunkt hin zugespitzt. Bei dem Versuch, Gregor in sein Zimmer zurückzutreiben, gebärdet sich der Vater „wie ein Wilder", „stampfte mit den Füßen", stößt beängstigende „Zischlaute" aus (S. 42), und seine Stimme „klang schon hinter Gregor gar nicht mehr wie die Stimme bloß eines einzigen Vaters." (S. 43) Den „guten Willen" Gregors bemerkt er nicht, ebenso wenig das Ineinander von äußerster Panik und körperlicher Unbeholfenheit, das dem Sohn einen schnellen Rückzug unmöglich macht.

Schließlich erhält dieser „einen jetzt wahrhaft erlösenden starken Stoß und er fliegt, heftig blutend, weit in sein Zimmer hinein." (S. 43)

II. Kapitel

Nach den dramatischen Auftritten des ersten Kapitels scheint im zweiten – bis auf die Ereignisse am Schluss – die Spannungskurve abzufallen und sich zum großen Teil auf Zustandsbeschreibungen einzupendeln. Im Zentrum des Geschehens stehen einerseits Gregors Versuche, mit seiner Existenz als ‚Ungeziefer' zurechtzukommen, andererseits die der Familie, sich in der Situation einzurichten, aber auch gewisse Veränderungen einzuleiten.

Gezeichnet von den Verletzungen durch die Stockschläge des Vaters – eine „unangenehm spannende Narbe" zwingt Gregor zu „hinken" (S. 44) – erwacht er in der „Abenddämmerung" (S. 44) und bemerkt einen „Napf mit süßer Milch gefüllt, in dem kleine Schnitten von Weißbrot schwammen." (S. 44) Obgleich Gregor die frische Milch verabscheut und er sich „eine andere Speise [...], die ihm besser entsprach" (S. 47), erhofft, drückt sich doch hier eine Zuwendung der Schwester aus, die dann auch den Speiseplan auf Gregors neue Bedürfnisse umstellt (S. 47/48). Sonstige Verbindungen zur Familie bestehen nicht, vielmehr werden manchmal die Seitentüren „bis zu einem kleinen Spalte geöffnet und rasch wieder geschlossen" (S. 45), und „die Schlüssel steckten nun auch von außen." (S. 45) Auf diese ‚Einsperrung' reagiert Gregor mit weiterem Rückzug: Er verkriecht sich aus Rücksichtnahme beim Eintreten der Schwester unter dem „Kanapee" (S. 46) und beschränkt seine Aktivitäten auf Beobachtungen „durch die Türspalte" (S. 45). Auf diese rezeptive Haltung sieht er sich auch durch den völligen Wegfall sprachlicher Kommunikation verwiesen, denn es „dachte niemand daran, auch die Schwester nicht, dass er die Anderen verstehen könne." (S. 49)

So belauscht Gregor die Familie immer wieder bei „Beratungen" über die weitere Lebensgestaltung (S. 49). Seine Gedanken zeugen nach wie vor von Verantwortung und Sorge um ihr Wohl und verweisen damit in die Vergangenheit, als er den „Aufwand der ganzen Familie [...] trug", ohne dass „eine besondere Wärme" entstanden wäre (S. 51), nur zwischen ihm und der Schwester, der er im nächsten Jahr eine Ausbildung am Konservatorium ermöglichen wollte, gab es schon damals eine besondere zwischenmenschliche Nähe. Gregor erfährt nun, dass es der Vater heimlich zu einem kleinen Vermögen gebracht hat und reagiert „erfreut“ auf diese Nachricht (S. 52) – ein recht paradoxes Gefühl, bedenkt man seine finanzielle Aufopferung für die bei seinem Chef verschuldete Familie! Doch nicht genug damit: Ihm wird „ganz heiß vor Beschämung und Trauer“ (S. 53), wenn er überlegt, dass die Zinsen aus den Ersparnissen letztlich nicht ausreichen werden und den Familienmitgliedern – dem alten Vater, der kränklichen Mutter und der noch kindlichen Schwester – keine anstrengende Arbeit zuzumuten ist (S. 53).

Auch im zweiten Kapitel versucht Gregor noch, durch das Fenster Kontakt mit der Welt außerhalb der Wohnung aufzunehmen, bemerkt dabei aber, dass er die „Dinge immer undeutlicher“ sieht und weiter Entferntes gar nicht mehr wahrnehmen kann (S. 54). Neben den veränderten Essgewohnheiten – der Lust auf faulige Speisen – und einer abnehmenden Schmerzempfindlichkeit (S. 48) ist dies eine weitere Auswirkung seiner veränderten physischen Konstitution; hierzu kommt wenig später das Bedürfnis, „kreuz und quer über Wände und Plafond zu kriechen“ und anstelle des „ruhigen Liegens“ „oben an der Decke“ zu hängen (S. 56). Aufgrund dieser zunehmenden Animalisierung wird der Abstand zwischen Gregors Verhaltensweisen und seinem Innenleben immer größer; dieses spiegelt eine weiter zunehmende Sensibilität gegenüber der Familie wider, was sich z. B. darin äußert, dass er ein „Leintuch auf dem Kanapee“ anordnet, um „gänzlich verdeckt“ zu sein (S. 55). Die Schwester scheint dies dankbar hinzunehmen; durch ihre Mittlerfunktion zwischen Gregor und der Familie gewinnt sie zunehmend die Anerkennung der Eltern und ersetzt vor allem die Mutter, auf deren ‚Besuch‘ Gregor schon seit langem wartet (S. 56).

Die Katastrophe, mit der das zweite Kapitel schließt, wird durch eine Reihe von Missverständnissen ausgelöst, die ihre letzte Ursache wiederum im „Mangel jeder unmittelbaren menschlichen Ansprache“ (S. 58) haben. Die Beobachtung, dass Gregor mit Vorliebe über die Decke und die Wände kriecht, bringt die Schwester auf die Idee, sein Zimmer auszuräumen. Gemeinsam mit der Mutter, die Angst vor einer Konfrontation mit dem verwandelten Sohn hat, macht sie sich an die Arbeit. Jene – ansonsten etwas hilflos erscheinende – Person zeigt hier allerdings Einführungsvermögen, indem sie zweifelt, ob „Gregor mit der Entfernung der Möbel ein Gefallen geschehe" (S. 58); um dem Sohn eine „Hoffnung auf Besserung" zu signalisieren (S. 58), möchte sie „das Zimmer genau in dem Zustand [...] erhalten, in dem es früher war..." (S. 58). Hier zeigt sich emotionale Nähe zu Gregor, dem ebenfalls Bedenken kommen, ob er sein „gemütlich ausgestattetes Zimmer" in eine „Höhle" verwandelt sehen möchte (S. 59). Die Schwester dagegen, unbeeindruckt von den Argumenten der Mutter, schreitet in ihrem Eifer, dem ‚Ungeziefer' möglichst „viel Raum zum Kriechen" freizumachen (S. 59), zur Tat. Gregor, der die hektischen Aktivitäten der beiden Frauen unter dem Sofa liegend beobachtet hat, setzt sich in dem Moment zur Wehr, als sein „Schreibtisch", mit dem sich viele Erinnerungen verbinden, weggeschafft werden soll: „Und so brach er denn hervor..." (S. 61). Seine erste Rettungsaktion gilt dem „Bild der in lauter Pelzwerk gekleideten Dame" (S. 61). „Dieses Bild wenigstens" soll ihm bleiben und so presste (er) sich an das Glas" (S. 61), um es gegen die Schwester zu verteidigen (S. 61/62): „Er saß auf seinem Bild und gab es nicht her. Lieber würde er Grete ins Gesicht springen." (S. 62) Diese reagiert auffällig aggressiv, „mit erhobener Faust und eindringlichen Blicken" (S. 62) auf eine Art, die wir im ersten Kapitel beim Vater beobachten konnten. Da das eingerahmte Bild aus einer Illustrierten schon ganz am Anfang der Erzählung in den Blick kommt, handelt es sich hier sicher um eine Schlüsselszene, die an anderer Stelle genauer zu untersuchen sein wird.

Gretes plötzliche Aggressivität führt nun zu einer weiteren Eskalation der Ereignisse. Während sich die Mutter zwischenzeitlich – wieder einmal – durch eine Ohnmacht der Realität entzogen hat, kommt der Vater nach Hause und wird mit den

Worten begrüßt: „Gregor ist ausgebrochen.“ (S. 63) Schon die Art der Formulierung dieser „allzukurze(n) Mitteilung“ (S. 63) ist geeignet, ihn die Kompliziertheit der Situation verkennen und zur Tat schreiten zu lassen. Beim Anblick des Vaters staunt Gregor, denn offensichtlich hat jener auch eine Art ‚Verwandlung‘ durchgemacht. Aus dem hinfälligen alten Mann, den er früher mit seinem „Bett“, dem „Schlafrock“ und „Lehnstuhl“ in Verbindung brachte (S. 64), ist ein Vitalität ausstrahlender Bankbote geworden, unter anderem charakterisiert durch eine „straffe blaue Uniform“, ein „starkes Doppelkinn“ und eine „leuchtende Scheitelfigur“ (S. 64). Bei der nun beginnenden Verfolgungsjagd ist es besonders die „Riesengröße seiner Stiefelsohlen“ (S. 64), die Gregor erstaunt. Es wiederholt sich die Konstellation vom Ende des ersten Kapitels – „während der Vater einen Schritt machte, musste er eine Unzahl von Bewegungen ausführen“ (S. 65) –, doch unter verschärften Bedingungen. Anstelle des Stocks bedient sich der Vater einer weit gefährlicheren ‚Waffe‘, indem er mit Äpfeln aus der „Kredenz“ nach Gregor wirft (S. 65), wovon schließlich einer in seinen Rücken eindringt und einen „überraschende(n) unglaubliche(n) Schmerz“ verursacht (S. 65). Mit einem „letzten Blick“ (S. 66) beobachtet er noch eine hektische Szene: Die „schreiende Schwester“ und die Mutter stürzen aus Gregors Zimmer, und die Mutter eilt, Schutz suchend, zum Vater; dieser Bewegungsablauf endet in einem – von der Wortwahl her auffälligen – Schlussbild, als die Mutter

> „stolpernd über die Röcke auf den Vater eindrang und ihn umarmend, in gänzlicher Vereinigung mit ihm [...] die Hände an des Vaters Hinterkopf um Schonung von Gregors Leben bat.“ (S. 66)

III. Kapitel

Konnten wir beim zweiten Kapitel – im Vergleich zum ersten – einen Verlust an dramatischer Spannung feststellen, so setzt sich dieser Trend im Schlusskapitel der Erzählung fort. Die Gründe dafür ergeben sich aus dem Geschehensablauf: Fand sich Gregor zu Anfang des zweiten Kapitels von den Stockhieben des Vaters verletzt und in seinem Zimmer ‚eingesperrt' vor, so ist er nun ernsthaft verwundet und, wie ein „alter Invalide" (S. 66), nur noch zu langsamen Bewegungen fähig.

In Kontrast zu seinem Zustand steht die Situation der Familie; die Mutter hat inzwischen eine Beschäftigung als Näherin für ein „Modegeschäft" angenommen, die Schwester arbeitet als „Verkäuferin" (S. 67), und die Identifikation des Vaters mit seinem Beruf geht so weit, dass er selbst zu Hause seine „Dieneruniform" nicht ablegt (S. 67). Die – früher liebevoll um Gregor besorgte – Schwester lernt an den Abenden noch „Stenografie und Französisch" (S. 67), vernachlässigt aber zusehends ihren Bruder. Sie stellt ihm „irgendeine beliebige Speise" ins Zimmer, das nur noch oberflächlich gereinigt wird, sodass sich „Knäuel von Staub und Unrat" ansammeln (S. 70). Im Übrigen wird sie im Haushalt der „allzugroße(n) Wohnung" durch eine „riesige knochige Bedienerin" entlastet (S. 68), die das zweite Dienstmädchen – seine Vorgängerin hatte „gleich am ersten Tag" gekündigt (S. 50) – ersetzt. Auch wird sie – anstelle der Schwester – zur einzigen Kontaktperson für Gregor, dessen Anblick sie überhaupt nicht schockiert, sondern zu aggressivem Verbalverhalten – „Seht mal da den alten Mistkäfer!" – herausfordert. Sie ist es auch, die sein Zimmer nach und nach in eine Rumpelkammer verwandelt, indem sie überflüssig gewordene Möbelstücke hereinschleudert: die frühere Absicht der Schwester, Gregor Platz zu verschaffen, wird damit ins Gegenteil verkehrt.

Untersucht man Gregors Reaktion auf die zunehmende Vernachlässsigung durch die Familie, so trifft man im dritten Kapitel erstmals auf Anzeichen von Aggressivität: „Wut über die schlechte Wartung erfüllte ihn" (S. 70) heißt es an einer Stelle, und wenig später wird berichtet, dass er „vor lauter Wut darüber zischte, dass es keinem einfiel, die Tür zu schließen" und ihm einen hysterischen Auftritt der Schwester zu ersparen (S. 71). Doch muss man nach solchen Belegen suchen, denn insgesamt spiegeln Gregors Gedanken Resignation und eine fortschreitende

Gleichgültigkeit wider, die durch den zunehmenden körperlichen Verfall – aufgrund der Verletzung „aß (er) nun fast gar nichts mehr“ (S. 72) – bedingt ist. Doch gibt es auch im dritten Kapitel eine – im Unterschied zu den anderen Kapiteln einzige – Szene, die durch dramatische Aktionen hervorsticht und aggressive Gedanken Gregors offenbart. Vorausgegangen ist die Vermietung eines „Zimmer(s) der Wohnung an drei Zimmerherren“ (S. 73) zwecks Aufbesserung der Haushaltskasse. Diese Herren, die sich in Aussehen und Verhaltensweisen zum Verwechseln ähnlich sind, wenngleich einer von ihnen den Anführer spielt, okkupieren nicht nur ein Zimmer – es muss sich um das der Schwester handeln –, sondern an manchen Abenden auch das Wohnzimmer; dort lassen sie sich „am Tisch, wo in früheren Zeiten der Vater, die Mutter und Gregor gesessen hatten“ (S. 74), nieder und werden von den Familienmitgliedern unterwürfig bedient. Gregor, der wie immer den stillen Beobachter spielt, beneidet sie förmlich um ihren Appetit, als er „aus allen mannigfachen Geräuschen des Essens immer wieder ihre kauenden Zähne heraushörte.“ (S. 74)

An einem bestimmten Abend nun werden die Bemühungen der Familie durch das Violinespiel der Schwester ergänzt, auf das die Zimmerherren allerdings mit gelangweilter Gleichgültigkeit reagieren: Sie „zogen sich bald unter halblauten Gesprächen mit gesenkten Köpfen zum Fenster zurück …“ (S. 76) Gregor dagegen fasziniert das Spiel seiner Schwester so sehr, dass er alle Rücksicht vergisst und trotz seines Äußeren – „Fäden, Haare und Speisereste“ kleben auf seinem Rücken (S. 76) – ins Wohnzimmer kriecht: „War er ein Tier, da ihn Musik so ergriff? Ihm war, als zeige sich ihm der Weg zu der ersehnten unbekannten Nahrung.“ (S. 76) In jedem Fall steht die Wirkung der Musik in einem engen Zusammenhang mit der Person Gretes; denn seine Fantasien kreisen um den Plan, die Schwester samt Violine in sein Zimmer zu holen und dort festzuhalten:

„… seine Schreckgestalt sollte ihm zum ersten Mal nützlich werden; an allen Türen des Zimmers wollte er gleichzeitig sein und den Angreifern entgegenfauchen …" (S. 77)

Vereinzelte aggressive Gedanken Gregors, die allerdings nie zur Ausführung kommen, finden an dieser Stelle ihren Höhe- und zugleich Schlusspunkt; denn die vorgestellte Szene endet in einer liebevoll-rührenden, vielleicht auch erotisch angehauchten Stimmung: Nach der Mitteilung seines Plans, sie aufs Konservatorium zu schicken,

> „würde die Schwester in Tränen der Rührung ausbrechen, und Gregor würde sich bis zu ihrer Achsel erheben und ihren Hals küssen, den sie, seitdem sie ins Geschäft ging, frei ohne Band und Kragen trug." (S. 77)

Alle Bemühungen des Vaters, den Zimmerherren den Anblick des ‚Ungeziefers' zu ersparen, schlagen fehl; diese zeigen sich erbost und angewidert, kündigen in scharfem Tonfall und unter Androhung weiterer Maßnahmen. Dieser letzte ‚Ausbruchsversuch' Gregors, in Wahrheit seine letzte Kontaktaufnahme mit der Außenwelt über seine hauptsächliche Bezugsperson, hat einen Familienrat zur Folge, bei dem die Schwester das Wort führt. In scharfem Kontrast zu den liebevollen Phantasien ihres Bruders tritt sie praktisch als Verkünderin seines Todesurteils auf: „… wir müssen versuchen, es loszuwerden." (S. 79) Selbst der Vater zeigt in dieser Szene noch Spuren von Mitleid und Einfühlungsvermögen, wenn er auf die fehlende Kommunikationsfähigkeit Gregors hinweist (S. 80), wohingegen Grete in dem „Tier" ihren Bruder nicht mehr wiedererkennen will:

> „Wenn es Gregor wäre, er hätte längst eingesehen, dass ein Zusammenleben von Menschen mit solch einem Tier nicht möglich ist, und wäre freiwillig fortgegangen." (S. 80)

Entsprechend drängt sie auf eine schnelle Erledigung der Angelegenheit: „Weg muss es […] das ist das einzige Mittel, Vater." (S. 80) Gregor, der sich mühsam in sein Zimmer zurückbewegt, dessen „Tür eiligst zugedrückt, festgeriegelt und versperrt" wird (S. 82), nimmt der Familie die Last der Vollstreckung des Todesurteils sozusagen ab, indem er wenige Stunden später stirbt. Seine Lebenskraft ist nämlich nicht nur durch die Verwundung und seinen allgemeinen körperlichen Zustand aufgebraucht, sondern es spielen gewiss auch psychische Gründe – man denke an das Verhalten der Familie, die plötzliche Abwendung der Schwester – eine entscheidende Rolle: „Seine Meinung darüber, dass er verschwinden müsse, war womöglich noch entschiedener, als die der Schwester." (S. 82) Paradox und interpretationsbedürftig erscheint die Charakterisierung seines emotionalen Zustands angesichts des Todes: „An seine Familie dachte er mit Rührung und Liebe zurück." (S. 82)

Am folgenden Morgen entdeckt die Hausangestellte (Kafka verwendet den österr. Ausdruck „Bedienerin") den toten Gregor und verkündet der Familie: „... es ist krepiert; da liegt es, ganz und gar krepiert." (S. 83) Man zeigt Erleichterung: Der Vater dankt „Gott" und „bekreuzigte sich", die Mutter reagiert mit einem „wehmütigen Lächeln, und Grete ging, nicht ohne nach der Leiche zurückzusehen, hinter den Eltern ins Schlafzimmer." (S. 84) Nachdem durch Gregors Tod eine große Last von der Familie genommen ist, erfolgt die Kündigung der Zimmerherren, die Herr Samsa mit deutlichen Worten aus der Wohnung verweist (S. 85). Diese Kündigung steht in Zusammenhang mit weiteren Plänen, die Vater, Mutter und Grete auf einem abschließenden Ausflug ins Grüne erörtern:

> „Die größte augenblickliche Besserung der Lage musste sich natürlich leicht durch einen Wohnungswechsel ergeben; sie wollten nun eine kleinere und billigere, aber besser gelegene und überhaupt praktischere Wohnung nehmen, als die jetzige, von Gregor ausgesuchte war." (S. 87)

Zunächst aber schreiben alle drei „Entschuldigungsbriefe" an ihre Arbeitgeber; den Hinweis der Bedienerin auf „das Zeug von nebenan", das „weggeschafft werden soll" (S. 86), empfinden sie bereits als lästige Störung. Auch die Bedienerin soll, wie der Vater meint, am Abend „entlassen" werden (S. 87), um so jede Erinnerung an die vergangenen Monate restlos zu tilgen. Die Schlussszene der Erzählung zeigt die Familie Samsa in trauter Eintracht bei der Fahrt „mit der Elektrischen ins Freie vor der

Stadt." (S. 87) Der Wagen „war ganz von warmer Sonne durchschienen. Sie besprachen, bequem auf ihren Sitzen zurückgelehnt, die Aussichten für die Zukunft, und es fand sich, dass diese bei näherer Betrachtung durchaus nicht schlecht waren, denn aller drei Anstellungen waren, worüber sie einander eigentlich noch gar nicht ausgefragt hatten, überaus günstig und besonders für später vielversprechend." (S. 87) Im Mittelpunkt der elterlichen Zukunftshoffnungen steht aber Grete, die

> „trotz aller Plage, die ihre Wangen bleich gemacht hatte, zu einem schönen und üppigen Mädchen aufgeblüht war. Stiller werdend und fast unbewusst durch Blicke sich verständigend, dachten sie daran, dass es nun Zeit sein werde, auch einen braven Mann für sie zu suchen. Und es war ihnen wie eine Bestätigung ihrer neuen Träume und guten Absichten, als am Ziele ihrer Fahrt die Tochter als Erste sich erhob und ihren jungen Körper dehnte." (S. 87/88)

2 Textanalyse und Interpretation

2.1 Personen

Gregor

Bei genauerem Hinsehen entsprechen den drei Kapiteln der ‚Verwandlung' drei Schwerpunkte, die eine genaue Charakterisierung berücksichtigen muss: Gregors Verhältnis **zu seinem Beruf** (Teil 1), **zu seiner Familie** (Teil 2) und schließlich **zu sich selbst** (Teil 3).

So fällt im ersten Teil der Erzählung auf, dass schon kurz nach der Beschreibung des „ungeheuren Ungeziefer(s)" Gregors Beruf erwähnt wird (S. 23). Weit überraschender für den Leser aber sind Gregors erste klare Gedanken, die sich nicht weiter mit seinem körperlichen Zustand beschäftigen, sondern dem „anstrengenden Beruf" gelten. Im weiteren Verlauf von Gregors Monolog kommt zum Vorschein, dass sein aufgestauter Ärger über erniedrigende Arbeitsbedingungen und die Arroganz des Chefs so lange nicht zu einer Kündigung führen kann, wie eine „Schuld der Eltern“ jenem gegenüber besteht (S. 25); andernfalls wäre er schon längst „vor den Chef hingetreten und hätte ihm die Meinung von Grund des Herzens aus gesagt. Vom Pult hätte er fallen müssen!“ (S. 24/25). – Dass Gregor aber selbst, wie der „Geschäftsdiener“, eine „hilflose Kreatur des Chefs“ ist, zeigt sich darin, dass er aus Angst vor ihm und dem „Krankenkassenarzt“ den Gedanken an eine Krankmeldung verwirft, obwohl sein Zustand Besorgnis erregend ist.

Gregors negativer Selbsteinschätzung entspricht das Auftreten des Prokuristen, Abgesandter des Chefs, im Kreis der Familie. Die Anwesenheit des Prokuristen löste heftigen Zorn bei ihm aus:

> „Genügte es wirklich nicht, einen Lehrjungen nachfragen zu lassen [...], musste da der Prokurist selbst kommen, und musste dadurch der ganzen unschuldigen Familie gezeigt werden, dass die Untersuchung dieser verdächtigen Angelegenheit nur dem Verstand des Prokuristen anvertraut werden konnte?“ (S. 30)

Vor allem hilft ihm diese Erregung dabei, sich „mit aller Macht aus dem Bett“ zu schwingen (S. 30). Hier zeigt sich erneut ein Widerspruch zwischen Gregors ‚rebellischen‘ Gedanken und seinem angepassten Verhalten, das trotz aller Widerstände noch immer der alltäglichen Routine folgen will. Dieser Anpassungsdruck hat seine Ursachen nicht nur in Gregors deformiertem Innenleben, das durch berufliche und familiäre Überlegungen gänzlich beherrscht wird, sondern auch in der Situation außerhalb seines Zimmers. Die Eltern scheinen in dem Prokuristen nämlich keinesfalls eine Störung des Familienfriedens zu sehen, sondern vielmehr eine ‚Verstärkung‘ ihrer Position gegenüber Gregor. Der Prokurist seinerseits spricht „im Namen Ihrer Eltern und Ihres Chefs“, wenn er Gregor Versäumnisse vorhält, ihm indirekt mit Entlassung droht und sogar eine mögliche Unterschlagung von Geldern als Grund für sein Verhalten ins Spiel bringt (S. 33). In seiner unterwürfigen Antwort darauf versucht dieser, alle Bedenken zu zerstreuen und bittet um Schonung für die Eltern und für sich selbst. Seine Äußerungen werden aber vom Prokuristen nicht verstanden. Die Unmöglichkeit einer Verständigung – eine wirklich beängstigende Tatsache! – löst bei Gregor jedoch positive Gefühle aus. Dieser Sachverhalt erscheint zunächst widersinnig, wird aber verständlich, wenn man ihn auf dem Hintergrund der beruflichen und familiären Zwänge sieht, die dem ‚normal funktionierenden' Gregor auferlegt sind und ihn zu atemlosen Verteidigungsreden zwingen. Entsprechend lässt sich auch das „körperliche(s) Wohlbehagen" deuten, das er empfindet, als er bei der Verfolgung des Prokuristen „auf seine vielen Beinchen" niederfällt (S. 40) und sich damit endlich von alten Gewohnheiten löst. Aus beiden Fällen – sprachliche Kommunikation und körperliche Motorik – wird ersichtlich, dass Gregor die Verwandlung im Vergleich zu seinen früheren Lebensumständen als ‚Befreiung' empfinden kann.

Vorausgegangen ist ein letzter verzweifelter Versuch, den – bei seinem Anblick entsetzt zurückweichenden Prokuristen – zum Bleiben zu bewegen. Seine guten Absichten bleiben aber nicht nur erfolglos, sondern werden gründlich missverstanden und führen zur ‚Strafaktion' des Vaters.

Im zweiten Kapitel werden die familiären Verhältnisse unter Einbeziehung der Situation **vor der Verwandlung** genauer entfaltet. Im Hinblick auf Gregor kommt der Leser zu ähnlichen Ergebnissen wie bei der Lektüre des ersten Teils der Erzählung: Dem Bild des eifrigen Handlungsreisenden entspricht die Rolle des selbstlosen Sohnes: doch auch im zweiten Fall gewinnt man den Eindruck, dass der Schein trügt. Schon im ersten Kapitel reagiert die Familie unterschiedlich auf Gregors merkwürdiges Verhalten, doch ihr Einreden auf ihn und vor allem die Unterwürfigkeit der Eltern gegenüber dem Prokuristen lassen vermuten, dass sie auch in dieser Situation nicht zuletzt an ihren finanziellen Unterhalt denken. Auch der Anblick Gregors löst bei den Eltern die bekannten Reaktionsweisen aus (S. 37), doch niemand fragt – weder hier noch im weiteren Verlauf der Erzählung – nach der **Ursache** (oder den **Ursachen**) der **Verwandlung**. Das auffällige Desinteresse am Zustand ihres Sohnes führt im zweiten Kapitel zur Isolation Gregors in seinem Zimmer, in das ihn der Vater mit Stockhieben getrieben hatte. Überleben kann er nur durch die – zu diesem Zeitpunkt noch – besorgten Bemühungen der Schwester um eine angemessene Nahrung (S. 47/48). Doch auch mit ihr kommt es zu keiner Begegnung, da Gregor sich aus Rücksicht regelmäßig unter das Kanapee zurückzieht, wenn sie eintritt.

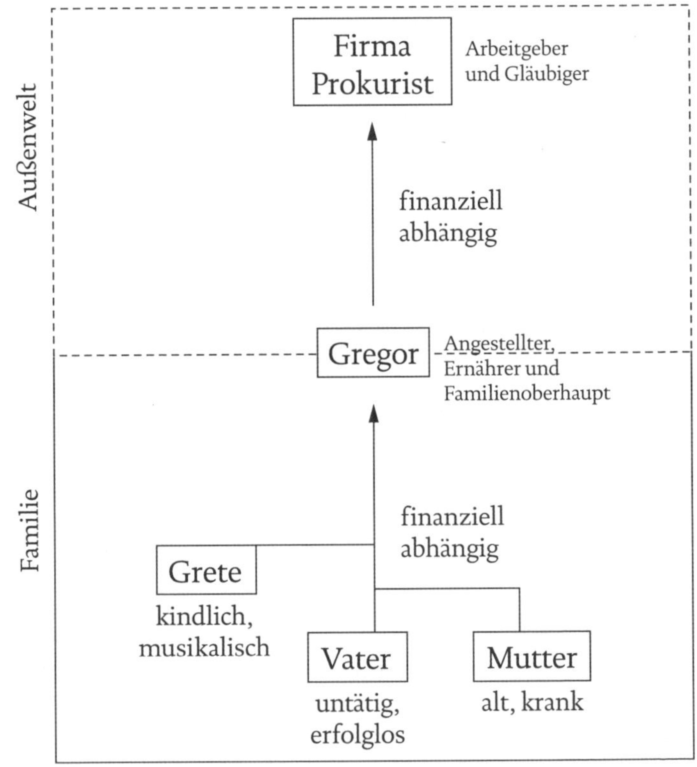

Personenkonstellation **vor** der Verwandlung

Wie reagiert er nun auf die demütigende Vernachlässigung durch die Eltern? Die naheliegende Möglichkeit, seine ‚Schreckgestalt' als Drohung einzusetzen, wird überhaupt nicht in Betracht gezogen. Ganz im Gegenteil: Gregor bleibt stets – wenn nicht besondere Umstände eintreten – in seinen vier Wänden und versteckt sich zudem unter dem Sofa und einer Decke.

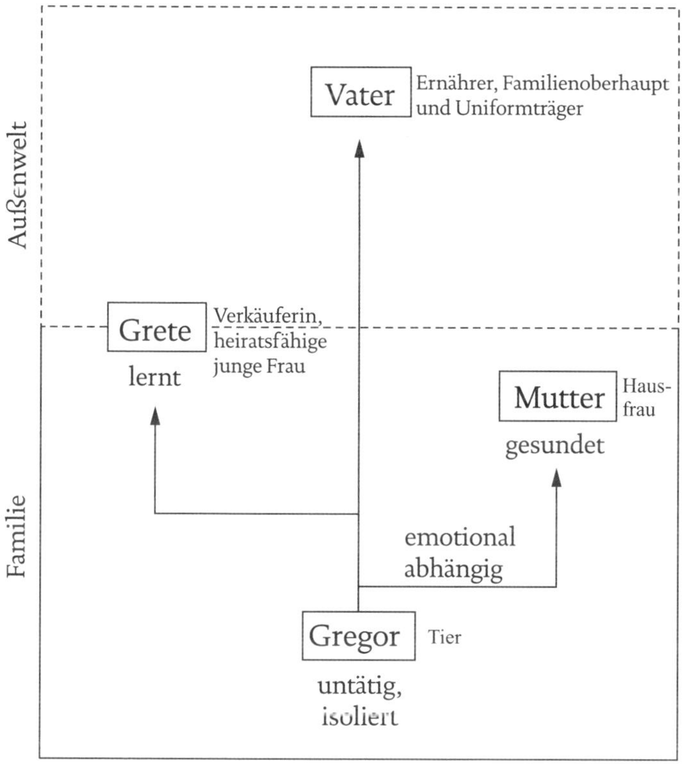

Personenkonstellation **nach** der Verwandlung

Als der Vater die vor ihm verheimlichten Ersparnisse offengelegt hat, heißt es:

„Gregor[…] nickte eifrig, erfreut über diese unerwartete Vorsicht und Sparsamkeit. Eigentlich hätte er ja mit diesen überschüssigen Geldern die Schuld des Vaters gegenüber dem Chef weiter abgetragen haben können, und jener Tag, an dem er diesen Posten hätte loswerden können, wäre weit näher gewesen, aber jetzt war es zweifellos besser so, wie es der Vater eingerichtet hatte." (S. 52)

Darüber hinaus macht er sich große Sorgen, weil das angesammelte Kapital wohl „höchstens zwei Jahre" zum Leben ausreichen würde und den Familienmitgliedern keine Arbeit zuzumuten sei: „… ihm war ganz heiß vor Beschämung und Trauer." (S. 53) Alle diese Verhaltensweisen und Reaktionen, so eigenartig sie sein mögen, fügen sich doch zu einem Charakterbild zusammen. Gregor erscheint dem Leser als ein Mensch, der ein gestörtes Verhältnis zur Außenwelt – hier repräsentiert durch die Familie – und zu sich selbst hat. Somit haben wir eine Persönlichkeit vor uns, die kein Bewusstsein für ihr zugefügtes Unrecht entwickelt, geschweige sich dagegen zur Wehr setzen kann; bei der – umgekehrt – Schuldgefühle ausgelöst werden, welche die Aufmerksamkeit vom schuldhaften Verhalten der anderen Personen ab – und auf das eigene Ich hinlenken. Ein vergleichbarer psychischer Mechanismus lässt sich für Gregors Verhältnis zu seinem Beruf und seinen Vorgesetzten nicht feststellen: Wohl zeigen seine Reden ein angepasstes Verhalten, restlose Unterwürfigkeit und ausgeprägte Schuldgefühle; in scharfem Kontrast dazu stehen aber seine Gedanken, die das Unmenschliche seiner Situation erfassen und manchmal einen aggressiv-rebellischen Charakter annehmen.

Die ‚Aggression' gegenüber der Familie am Ende des zweiten Kapitels ist dagegen eine erzwungene. Eine immer tiefer gehende Spaltung, die bereits mit dem Beginn der Erzählung eingesetzt hat, macht sich in dieser Szene (Ausräumen des Zimmers) geltend – eine Spaltung der Persönlichkeit Gregors zwischen ihren tierisch-körperlichen und menschlich-psychischen Bedürfnissen. Sie zeigt sich an vielen Stellen und führt besonders hier zu tragischen Verwicklungen, weil die Familienmitglieder nur das ‚Ungeziefer' wahrnehmen können, dessen Innenleben ihnen wegen der fehlenden sprachlichen Verständigung verborgen bleiben muss. Unverständlich erscheint auch dem Leser Gregors Versuch, „das Bild der in lauter Pelzwerk gekleideten Dame" vor dem Zugriff der Schwester zu retten. Der Schwester würde er eher „ins Gesicht springen", als sich von diesem Stück zu trennen. Grete reagiert darauf „mit erhobener Faust und eindringlichen Blicken" (S. 62).

Was hat es nun mit diesem Bild auf sich? Ein neutraler Gegenstand kann es nicht sein, aber auch kein privates Dokument, etwa das Bild einer Geliebten, denn Gregor „hatte es aus einer illustrierten Zeitschrift ausgeschnitten" (S. 23); eine Beziehung zu dem ‚Tier' Gregor ergibt sich aus der betonten **Pelz**bekleidung der Dame, doch welcher Art jene ist – ‚tierisch' im Sinne von ‚triebhaft/sexuell'? – lässt sich aus dem Text nicht erschließen. Sucht man nach einem Motiv für Gretes extreme Reaktion, so kommt wohl nur ‚Eifersucht' infrage. Auch der Schluss des zweiten Kapitels kann hier herangezogen werden. Schwer verletzt durch den Apfelwurf des Vaters, sieht Gregor mit einem

> „letzten Blick [...], wie die Tür seines Zimmers aufgerissen wurde, und vor der schreienden Schwester die Mutter hervoreilte, im Hemd, denn die Schwester hatte sie entkleidet, um ihr in der Ohnmacht Atemfreiheit zu verschaffen, wie dann die Mutter auf den Vater zulief und ihr auf dem Weg die aufgebundenen Röcke einer nach dem anderen zu Boden glitten und wie sie stolpernd über die Röcke auf den Vater eindrang und ihn umarmend, in gänzlicher Vereinigung mit ihm – nun versagte aber Gregors Sehkraft schon – die Hände an des Vaters Hinterkopf um Schonung von Gregors Leben bat." (S. 66)

Die auffällige Wortwahl („eindrang"; „in gänzlicher Vereinigung") im Zusammenhang mit dem Hinweis, dass die Mutter

„entkleidet“ wurde und „im Hemd“ ist, könnte auf einen Sexualakt der Eltern hindeuten, der Gregors „Sehkraft“ versagen lässt.

Diese beiden Szenen – Gregors Verteidigung des Bildes und seine letzte Beobachtung – sind hilfreich, wenn wir uns in einem weiteren Anlauf dem Verhältnis der Hauptfigur zu sich selbst, seiner psychischen Situation, zuwenden. Das dritte Kapitel ist in dieser Hinsicht am ergiebigsten, aus dem einfachen Grund, weil der schwer verwundete und nun auch von der Schwester ignorierte Gregor auf sich selbst zurückgeworfen ist. Erst die Anwesenheit der drei „Zimmerherren“ weckt Gregors Aufmerksamkeit für Vorgänge außerhalb seines Zimmers erneut und führt zu einem letzten dramatischen Auftritt vor seinem Tod. Beim Anblick der essenden Zimmerherren wird ihm klar: „Ich habe ja Appetit [...], aber nicht auf diese Dinge.“ (S. 74) Das Spiel der Violine scheint ihm nun den „Weg zu der ersehnten unbekannten Nahrung“ zu weisen, und er fragt sich: „War er ein Tier, da ihn Musik so ergriff?“ (S. 76) Diese Frage kann in zweierlei Hinsicht verstanden werden: Entweder will Gregor damit ausdrücken, dass er noch über menschliche Empfindungen verfügt; oder die Faszination durch die Musik wird als typisch ‚tierische‘ Empfindungsfähigkeit ausgegeben. Man wird die zweite Möglichkeit vorziehen, obgleich sie zunächst widersprüchlich erscheint. Wir haben ja die zunehmende Animalisierung (Tierwerdung) Gregors bisher als Verlust menschlicher Gewohnheiten und Fähigkeiten im Bereich der physischen Organisation (Sprechen, Sehen, Nahrungsaufnahme, Fortbewegung) begriffen. Hier nun wird „Nahrung“ auf „Musik“, also eine besonders vergeistigte, immaterielle Kunst, bezogen; Gregor wäre somit den ‚stumpfsinnigen‘ Zimmerherren, die für Musik kein Verständnis zu haben scheinen, eindeutig überlegen. Diese These stimmt aber mit der früheren Beobachtung überein, nach der er die Verwandlung als eine Art Befreiung vom Zwang der familiären und beruflichen Verpflichtungen erlebt; denn gerade dadurch wäre er in der Lage, seine wahren Bedürfnisse erkennen und das zweckfreie, schöne Violinespiel genießen zu können; nicht umsonst heißt es im zweiten Teil mit Blick auf die Vergangenheit, dass Grete „zum Unterschied von Gregor Musik sehr liebte …" (S. 51). Unter dieser Voraussetzung gewinnt auch der „im Boden fest eingegrabene(n) Schreibtisch" (S. 61), den Schwester und Mutter „lockerten" und so seinen entschiedenen Widerstand provozieren, an besonderer Bedeutung: Er wird zwar mit dem beruflichen Werdegang in Verbindung gebracht, könnte jedoch – in einem weiteren Sinne – auf eine mögliche künstlerische, nämlich schriftstellerische Tätigkeit hinweisen; für ein gewisses künstlerisches, wenn auch nur kunsthandwerkliches Talent Gregors sprechen die „Laubsägearbeiten", bei denen er nach Auskunft der Mutter „Zerstreuung" nach der Arbeit sucht (S. 32). Der „Weg zu der ersehnten unbekannten Nahrung" würde somit zu einer Selbstverwirklichung führen, die bislang aus Vernunftgründen unterdrückt wurde.

Doch Gregors Faszination durch die Musik ist eine doppeldeutige Angelegenheit, denn sie ist untrennbar mit seiner Zuneigung für die Schwester verbunden. Dies zeigt sein Wunsch,

> „bis zur Schwester vorzudringen, sie am Rock zu zupfen und ihr dadurch anzudeuten, sie möge doch mit ihrer Violine in sein Zimmer kommen, denn niemand lohnte hier das Spiel so, wie er es lohnen wollte." (S. 76/77)

In eine gleiche Richtung geht die Absicht, „sich bis zu ihrer Achsel zu erheben und ihren Hals (zu) küssen, den sie, seitdem sie ins Geschäft ging, frei ohne Band oder Kragen trug." (S. 77) Sieht man die in Aussicht gestellte ‚Belohnung' im Zusammenhang mit dem zweiten Zitat, so wird klar, dass es sich dabei nicht – jedenfalls nicht nur – um das Studium am Konservatorium handeln kann, sondern erotische Absichten im Spiel sein müssen; so ließe sich auch die These halten, die plötzliche Abwendung Gretes geschehe aus Eifersucht. Beide Beobachtungen würden es erlauben, ein inzestuöses Verhältnis zwischen Gregor und Grete anzunehmen, wobei freilich die Erzählung keinen Aufschluss darüber gibt, wie weit dieser Inzest geht. Für eine Beziehung, die über das zwischen Bruder und Schwester Übliche hinausgeht, lassen sich aber noch weitere Gründe geltend machen. So erlebt der Leser Gregor von Anfang an als beruflich und familiär unterdrückten Menschen, der alles andere als eine selbstbestimmte Existenz führt. Schon die Tatsache, dass ein erwachsender Berufstätiger – gemessen an seinem Ausbildungsweg dürfte Gregor etwa dreißig Jahre alt sein – in der elterlichen Wohnung lebt, noch dazu in einem extrem unruhigem Zimmer mit drei Türen, ist aufschlussreich. Von einem angemessenen Privatleben ist auch nicht die Rede, und das schon auf der ersten Seite der Erzählung erwähnte Illustriertenbild deutet auf eine Entwicklungsstufe hin, die dem Erwachsenenalter kaum entspricht; es erinnert eher an den emotionalen Aufwand, den Kinder und Jugendliche mit Starfotos, den Bildern ‚angehimmelter' Schauspieler oder Popgruppen betreiben. Von zwischenmenschlichen Begegnungen und insbesondere zwischengeschlechtlichen Kontakten ist nur an einer Stelle die Rede, als nämlich Gregor schlaflos vor sich hindämmert:

> „in seinen Gedanken erschien[en] wieder [...] eine liebe, flüchtige Erinnerung, eine Kassiererin aus einem Hutgeschäft, um die er sich ernsthaft, aber zu langsam beworben hatte – sie alle erschienen untermischt mit Fremden oder schon Vergessenen, aber statt ihm und seiner Familie zu helfen, waren sie sämtlich unzugänglich und er war froh, wenn sie verschwanden." (S. 69/70)

Schon die Art der Darstellung als „flüchtige Erinnerung" spricht für die Unfähigkeit Gregors, dauerhafte Beziehungen einzugehen oder gar ein befriedigendes Verhältnis zum anderen Geschlecht herzustellen. Es ist daher nicht verwunderlich, sondern nur folgerichtig, wenn der ganz auf den Binnenraum der Familie verwiesene junge Mann erotische Gefühle für seine Schwester, ein junges Mädchen, entwickelt. Diesen abnormen Wünschen, die noch den verwundeten Gregor beherrschen, steht die wiedergewonnene Vitalität des Vaters gegenüber, der am Schluss des zweiten Kapitels seine – womöglich sexuelle Überlegenheit in der „völligen Vereinigung mit der Mutter vor den Augen des Sohnes zur Schau stellt, dem daraufhin die „Sehkraft“ versagt. Diese Ohnmacht, Zeichen der Schwäche und Minderwertigkeit dem Vater gegenüber, deutet auf seinen tatsächlichen Tod voraus. Gregors letzte Stunden vor seinem Tod stehen unter dem unmittelbaren Eindruck der Rede, die die Schwester an die Eltern gerichtet hatte und in der sie seine ‚Beseitigung‘ energisch forderte (S. 79/80). Sie ist es auch, die ihn einsperrt, nachdem er diesmal – im Unterschied zum Ende des ersten und zweiten Teils der Erzählung – ohne verfolgt zu werden in sein Zimmer zurückkriechen konnte: „Im Übrigen drängte ihn auch niemand, es war alles ihm selbst überlassen.“ (S. 81) Dass er „sich nun überhaupt nicht mehr rühren konnte“ (S. 82), lässt sich neben seinem körperlichen Zustand gewiss auch auf den Schock zurückführen, den das Todesurteil der Schwester („weg muss es“) auf ihn ausgeübt haben muss. Bezeichnenderweise wird dies aber nicht ausgeführt, im Gegenteil scheint Gregor die Meinung seiner Schwester zu teilen und verklärt noch im Sterben das Bild der Familie:

> „An seine Familie dachte er mit Liebe und Rührung zurück. Seine Meinung darüber, dass er verschwinden müsse, war womöglich noch entschiedener als die seiner Schwester. In diesem Zustand leeren und friedlichen Nachdenkens blieb er, bis die Turmuhr die dritte Morgenstunde schlug. Den Anfang des allgemeinen Hellerwerdens draußen vor dem Fenster erlebte er noch. Dann sank sein Kopf ohne seinen Willen gänzlich nieder, und aus seinen Nüstern strömte sein letzter Atem schwach hervor.“ (S. 82/83)

Das „leere und friedliche Nachdenken“ bildet einen geradezu wohltuenden Kontrast zum hektischen Gedankenfluss in Gregors Bewusstsein zu Beginn der Erzählung; auf diesen hin spannen auch die Zeitangabe und das Motiv des Fensters einen Bogen. Wie die Verwandlung, die ihn zwangsläufig zur Folge hat, kann auch der Tod selbst als ‚Befreiung‘ verstanden werden; er ist aber keine wirkliche, sondern eine Befreiung, die als Bestrafung auftritt. Die Frage nach der Schuld, die eine solche Todesstrafe nach sich zieht, lässt sich nicht eindeutig beantworten (vgl. *Interpretationshilfe,* S. 59). Sie muss aber, da Gregor der Verwandelte und somit zum Tode Verurteilte ist, bei ihm selbst gesucht werden. Wenn er an seine Familie trotz aller Demütigungen „mit Rührung und Liebe" zurückdenkt, so wird jener psychische Mechanismus, von dem schon vorher die Rede war, erneut und in zugespitzter Form wirksam: Gregors Willensschwäche – sein völliger Mangel an Selbstbewusstsein und Durchsetzungsvermögen – mündet letztlich in die Rechtfertigung seines eigenen Todes als einer Notwendigkeit! Überträgt man eine solche psychische Verfassung auf den Alltag, so fühlt man sich an ein zentrales Motiv vieler Selbstmörder erinnert: Flucht aus der **Verantwortung für sich selbst.** Die besondere Leistung von Franz Kafka besteht darin, dass er das Innenleben seiner Hauptfigur, deren Ängste und Wünsche, im Bild des erschreckenden und zugleich hilflosen ‚Ungeziefers' Gestalt werden lässt, das alles bedeuten kann: **Befreiung** und **Strafe, Selbstbestrafung** für die ersehnte, aber **nicht als Mensch verwirklichte** Befreiung.

Der Vater

Seine herausragenden ‚Auftritte' hat der Vater am Ende des ersten und zweiten Kapitels, wobei deutliche Parallelen auffallen. In der ersten der beiden Szenen (S. 42/43) treibt er den Sohn „durch Schwenken des Stocks und der Zeitung in sein Zimmer zurück" (S. 42). Der gesamte Vorgang wirkt wie ein unheilvolles Naturereignis, das über den Verwandelten hereinbricht und ihm keine Chance lässt, es in irgendeiner Form abzuwehren oder wenigstens zu beeinflussen. Aus der Perspektive des rückwärts am Boden kriechenden Gregor, der mühsam versucht sich umzudrehen, erscheint der Vater als eine überdimensionale Rächergestalt.

Dieser Eindruck bestätigt sich bei der Lektüre der zweiten Verfolgungsszene (S. 64/65). Auch diese wird durch eine falsche Interpretation des Verhaltens von Gregor ausgelöst: Wollte er im ersten Fall den Prokuristen zum Bleiben bewegen und beschwichtigen, so wehrte er sich nun berechtigterweise gegen die

Verwandlung seines Zimmers in eine „Höhle“ (S. 59). „‚Ah!‘ rief er gleich beim Eintritt in einem Tone, als sei er gleichzeitig wütend und froh.“ (S. 63) Die hier angezeigte Ambivalenz der Gefühle ist aufschlussreich, denn der Vater scheint in seiner Wut doch gleichzeitig Freude über den Anlass zu empfinden, der ihm eine Bestrafung Gregors ermöglicht. Dafür spricht auch, dass er ihn zuerst „mehrmals die Runde um das Zimmer“ machen lässt (S. 65) und so gezielt bis zur „Atemnot“ ermüdet (S. 65), bis er ihn mit Äpfeln bewirft. Unmittelbar nach der schweren Verletzung kommt es zu dem schon mehrfach herangezogenen Schlussbild des zweiten Teils, in dem Herr Samsa zum machtvollen Zentrum des Geschehens wird und eine – womöglich sexuelle – „Vereinigung“ zwischen ihm und der Mutter stattfindet. Nachdem wir bei der zweiten Verfolgungsszene eine gesteigerte und geradezu sadistische Angriffslust des Vaters feststellen konnten, stellt sich erneut die Frage nach den eigentlichen Ursachen eines solchen Verhaltens dem eigenen Sohn gegenüber; eines Verhaltens, das um so mehr erstaunt, als in derselben Szene die frühere mit der jetzigen Situation des Vaters auf anschauliche Weise verglichen wird. Vor Gregors Verwandlung war er ein

> „Mann, der müde im Bett vergraben lag, wenn […] Gregor zu einer Geschäftsreise ausgerückt war; der ihn an Abenden der Heimkehr im Schlafrock im Lehnstuhl empfangen hatte; gar nicht recht imstande war, aufzustehen, sondern zum Zeichen der Freude nur die Arme gehoben hatte, und der bei den seltenen gemeinsamen Spaziergängen an ein paar Sonntagen im Jahr und an den höchsten Feiertagen zwischen Gregor und der Mutter, die schon an und für sich langsam gingen, immer noch ein wenig langsamer in seinen alten Mantel eingepackt, mit stets vorsichtig aufgesetztem Krückstock sich vorwärts arbeitete und, wenn er etwas sagen wollte, fast immer stillstand und seine Begleitung um sich versammelte.“ (S. 64)

In denkbar scharfem Kontrast dazu steht sein jetziges Verhalten – man denke an den Stock als ‚Waffe‘ – und Aussehen, charakterisiert durch die „straffe blaue Uniform mit Goldknöpfen“, ein „starkes Doppelkinn“ sowie „frisch und aufmerksam“ blickende „schwarze(n) Augen“ (S. 64). Diese plötzliche und den Sohn unvorbereitet treffende ‚Verwandlung‘ – „...war das noch der Vater?“, fragt sich Gregor – lässt an dessen eigene Verwandlung denken, und in der Tat sind ja beide Ereignisse direkt aufeinander bezogen. In dem Maße, wie der Sohn als Ernährer der Familie ausfällt und nicht nur zu einem nutzlosen, sondern auf die Dauer lästigen Geschöpf wird, erstarkt der Vater und übernimmt erneut die Rolle des Familienoberhauptes, die er früher – vor dem „vor fünf Jahren erfolgten Zusammenbruch seines Geschäfts“ (S. 50) – einmal innehatte; Gregor hatte ihn mit seinem Aufstieg vom kleinen „Kommis“ zum „Reisenden“ (S. 51) aus dieser Position verdrängt und so erscheint er dem verwandelten Sohn zunächst auch als „gesunder, aber alter Mann, der schon fünf Jahre nicht mehr gearbeitet hatte und sich jedenfalls nichts zutrauen durfte...“ (S. 53) Dass er Teile des von Gregor „allmonatlich nach Hause“ gebrachten Geldes heimlich „zu einem kleinen Kapital“ angespart hat (S. 52), lässt sich unter diesen Voraussetzungen nicht nur als einfacher Betrug verstehen, sondern als Versuch, auf Kosten Gregors seine schwache Stellung ein wenig zu festigen. Was sich insgesamt hier abzeichnet, ist eine Rivalität zwischen Vater und Sohn, die dramatische Qualität gewinnt, da es um die Verteilung von **Macht innerhalb der Familie** zu gehen scheint.

Was wir bisher über den Vater ermittelt haben, lässt sich zum Bild eines Menschen zusammenfassen, der ohne Gespür für die jeweilige Situation und den Zustand seines Sohnes mit äußerster Brutalität vorgeht, um diesen in seine Schranken zu weisen und über ihn triumphieren zu können; in den beiden Szenen am Ende des ersten und zweiten Teils gewinnt die Rächergestalt des Vaters barbarische Züge und die Art seines Vorgehens, seine unbeeinflussbaren Aktionen und Bewegungen, erinnern an eine Maschine, jedenfalls an eine unpersönlich-anonyme Instanz. Dabei darf jedoch nicht vergessen werden, dass die Ereignisse zum großen Teil aus der Sicht Gregors erzählt werden; und so ist das Bild, das jeweils vom Vater vermittelt wird, abhängig von der inneren und äußeren Situation der Hauptfigur – in den beiden Szenen ist diese Situation bestimmt durch Hilflosigkeit, Angst, und ein Gefühl des Ausgeliefertseins. Es gibt aber andere Stellen, die es erlauben, den bisher gewonnen Eindruck zu korrigieren.

Als der Vater erstmals in Erscheinung tritt, wird er gestisch und stimmlich charakterisiert: „... und schon klopfe an der einen Seitentür der Vater, schwach, aber mit der Faust [...] Und nach einer kleinen Weile mahnte er nochmals mit tieferer Stimme ...“ (S. 26). Seine Reaktionen zeigen hier eine wachsende Ungeduld, die sich im Laufe des ersten Kapitels steigert. Weil Gregor sich noch immer nicht blicken lässt, gibt er dem Dienstmädchen die Anweisung, einen „Schlosser“ zu holen, wobei er „durch das Vorzimmer in die Küche“ ruft und „in die Hände“ klatscht (S. 35). Dieses Vorgehen und die Art und Weise, wie es eingeleitet wird, zeugen nicht gerade von Sorge um Gregor, sondern sind auf eine ‚technische‘ Klärung des Sachverhalts ausgerichtet. Wenig später, nachdem der Verwandelte selbst die Tür geöffnet und sich gezeigt hat, wird die gestische Charakterisierung des Vaters durch die „Faust“ wieder aufgenommen, jedoch in eine Drohgebärde übersetzt:

> „Der Vater ballte mit feindseligem Ausdruck die Faust, als wolle er Gregor in sein Zimmer zurückstoßen, sah sich dann unsicher im Wohnzimmer um, beschattete dann mit den Händen die Augen und weinte, dass sich seine mächtige Brust schüttelte.“ (S. 37)

Für den Leser überraschend ist hier der Umschlag von äußerster Feindseligkeit in einen regelrechten Weinkrampf – ein plötzliches Zusammenbrechen der aggressiven Fassade, die sich schon in dem unsicheren Umherblicken im Zimmer ankündigt. Wenn es auch kurz darauf zum ersten großen ‚Auftritt‘ des Vaters am Kapitelende kommt, so wird hier doch für einen Moment hinter der übermächtigen Vatergestalt ein schwacher Mensch sichtbar, der ganz offensichtlich durch die Situation überfordert ist.

Im dritten Teil wird zudem die äußere Erscheinung des Vaters, die Gregor vorher als Zeichen für seine Verwandlung in einen ‚neuen', kraftvollen Menschen deutete, relativiert. Die Weigerung Herrn Samsas, „zu Hause seine Dienstuniform abzulegen", wird vom Erzähler als „Eigensinn" ausgelegt (S. 67), wie man ihn oft bei alten Leuten findet. Durch dieses Verhalten – der Vater „schlummerte vollständig angezogen auf seinem Platz" –

> „verlor die gleich anfangs nicht neue Uniform trotz aller Sorgfalt von Mutter und Schwester an Reinlichkeit und Grete sah oft ganze Abende lang auf dieses über und über fleckige, mit seinen stets geputzten Goldknöpfen leuchtende Kleid, in dem der alte Mann höchst unbequem und doch ruhig schlief." (S. 67)

Eigensinnig, wie er ist, lässt er sich trotz seines frühen Dienstantritts „um sechs Uhr" (S. 68) von den Frauen nicht überreden, rechtzeitig zu Bett zu gehen:

> „Er versank nur noch tiefer in seinen Sessel. Erst bis ihn die Frauen unter den Achseln fassten, schlug er die Augen auf, sah abwechselnd die Mutter und die Schwester an und pflegte zu sagen: ‚Das ist mein Leben. Das ist die Ruhe meiner alten Tage.' Und auf die beiden Frauen gestützt, erhob er sich, umständlich, als sei er für sich selbst die größte Last, ließ sich von den Frauen zur Türe führen, winkte ihnen dort ab und ging nun selbstständig weiter, während die Mutter ihr Nähzeug, die Schwester ihre Feder eiligst hinwarfen, um hinter dem Vater zu laufen und ihm weiter behilflich zu sein." (S. 68)

Der Vater bildet zwar hier den Mittelpunkt der familiären Gruppe, jedoch nicht als ihr ‚Kraftzentrum', sondern als gebrechlicher alter Mann, der den Anforderungen eines Berufs nur mit Mühe nachkommen kann.

Auf diesem Hintergrund müssen die beiden aggressiven ‚Auftritte' des Vaters am Ende des ersten und zweiten Kapitels – von den irrealen Verzerrungen durch die Perspektive des verfolgten Gregor einmal abgesehen – als ungeheure Kraftanstrengung interpretiert werden. So verwundert es nicht, wenn im dritten Teil der Erzählung die aggressive Energie aufgebraucht zu sein scheint. Den Zimmerherren gegenüber fügt Herr Samsa sich in die Rolle eines Hausangestellten. Unter Einsatz seines gebrechlichen Körpers versucht er ihnen dann „den Ausblick auf Gregor zu nehmen“ (S. 77), kommt aber nicht mehr auf die Idee, das ‚Ungeziefer‘ in sein Zimmer zurückzutreiben. Nach der Kündigung der Herren heißt es vielmehr:

> „Der Vater wankte mit tastenden Händen zu seinem Sessel und ließ sich in ihn fallen; es sah aus, als strecke er sich zu seinem gewöhnlichen Abendschläfchen, aber das starke Nicken seines wie haltlosen Kopfes zeigte, dass er ganz und gar nicht schlief." (S. 79)

Beim anschließenden Familienrat äußert er sich „mitleidig und mit auffallendem Verständnis“ gegenüber der verzweifelt auf eine gewaltsame Lösung des Problems drängenden Grete (S. 80). Sein Mitgefühl scheint sich hier – wenigstens in Grenzen – auch auf Gregor zu erstrecken, denn er bedauert gleich zweimal die Unmöglichkeit einer Verständigung mit ihm (S. 80); dass er ein sachliches „Übereinkommen“ anstrebt, lässt diesen Eindruck aber wieder verblassen. Er ist es auch, der ausdrücklich „Gott“ dafür dankt, dass Gregor tot ist (S. 84) und sich sofort in der Lage sieht, den Zimmerherren mit aller Bestimmtheit zu kündigen (S. 85). Mitteilungen der Bedienerin über die Art und Weise, wie „das Zeug von nebenan“ weggeschafft werden soll, „wehrte“ er „mit ausgestreckter Hand entschieden ab“ und beschließt auch ihre Kündigung (S. 86/87). Auf diese Störung der „kaum gewonne(n) Ruhe“ reagiert er schließlich mit einer Verdrängung der Vergangenheit zugunsten des Familienfriedens: „Also kommt doch her. Lasst schon endlich die alten Sachen. Und nehmt auch ein wenig Rücksicht auf mich. Gleich folgten ihm die Frauen, eilten zu ihm, liebkosten ihn und beendeten rasch ihre Briefe.“ (S. 87) In der Schlussszene fügt sich der Vater ganz in die familiäre Dreiergruppe ein, in deren Mittelpunkt der „junge Körper“ der Schwester als ‚Hoffnungsträger‘ rückt (S. 88).

Die Schwester

Im ersten Kapitel ist das Verhalten Gretes noch von geschwisterlicher Fürsorge geprägt. Ab dem zweiten Teil gewinnt sie eine kontinuierlich wachsende Bedeutung für den Gang der Handlung. Diese Entwicklung beginnt mit der Übernahme einer Vermittlerfunktion zwischen Gregor und der übrigen Familie, die vom Vater dankbar angenommen wird und zu einer deutlichen Aufwertung ihrer Position führt. Ganz elementar, weil lebensnotwendig, sind ihre Bemühungen um die richtige Nahrung für den verwandelten Bruder, die so weit gehen, dass sie „eine ganze Auswahl" von Speisen „auf einer alten Zeitung" ausbreitet (S. 47). Der Grund für diese Fürsorge scheint in der Vergangenheit zu liegen, denn innerhalb der emotional abgekühlten familiären Verhältnisse war nur „die Schwester [...] Gregor doch noch nahe geblieben" (S. 51). Trotzdem kann von echter Zuwendung, von wirklichem Interesse am Zustand des Bruders bei genauerem Hinsehen kaum die Rede sein: Gregor beobachtet, dass sie auch die von ihm „nicht berührten Speisen [...] hastig in einen Kübel schüttete, den sie mit einem Holzdeckel schloss ..." (S. 48); einmal überrascht sie ihn dabei, „wie er, unbeweglich und so recht zum Erschrecken aufgestellt, aus dem Fenster schaute" (S. 55) und reagiert panisch: „... sie fuhr sogar zurück und schloss die Tür; ein Fremder hätte geradezu denken können, Gregor habe ihr aufgelauert und habe sie beißen wollen." (S. 55) Daraufhin versteckt sich Gregor vollständig unter einem auf dem Kanapee angeordneten „Leintuch", jedoch mit einem Hintergedanken:

> „Wäre dieses Leintuch ihrer Meinung nach nicht nötig gewesen, dann hätte sie es ja entfernen können, denn dass es nicht zum Vergnügen Gregors gehören konnte, sich so ganz und gar abzusperren, war doch klar genug, aber sie ließ das Leintuch, so wie es war, und Gregor glaubte sogar einen dankbaren Blick erhascht zu haben, als er einmal mit dem Kopf vorsichtig das Leintuch ein wenig lüftete, um nachzusehen, wie die Schwester die neue Einrichtung aufnahm." (S. 55)

Grete scheint ihren Bruder **schon hier** mit dem Schreckbild seines Körpers zu identifizieren und mögliche kommunikative Bedürfnisse gar nicht mehr in Erwägung zu ziehen. Der von Gregor ersehnte zwischenmenschliche Kontakt – sei es eine Ansprache oder nur ein Blickkontakt – könnte ebenfalls als lebensnotwendige ‚Nahrung' verstanden werden, doch die Bemühungen der Schwester sind ganz und gar auf den physischen Bereich beschränkt.

Diese einseitige Sicht setzt sich fort in der Idee, Gregors Zimmer auszuräumen, um ihm ein ungehindertes Kriechen zu ermöglichen (S. 57). Während die Mutter Einwände vorbringt und sogar Gregor selbst die Möbel als notwendiges Hindernis begreift, um ihm das „sinnlose(s) Herumkriechen zu verleiden" (S. 59), ist Grete

> „leider anderer Meinung; sie hatte sich, allerdings nicht ganz unberechtigt, angewöhnt, bei Besprechung der Angelegenheiten Gregors als besonders Sachverständige gegenüber den Eltern aufzutreten und so war auch jetzt der Rat der Mutter für die Schwester Grund genug, auf der Entfernung nicht nur des Kastens und des Schreibtisches, an die sie zuerst allein gedacht hatte, sondern auf der Entfernung sämtlicher Möbel, mit Ausnahme des unentbehrlichen Kanapees, zu bestehen." (S. 59)

Hier zeigt sich, dass der Sorge um Gregors Wohlbefinden ein starker Selbstbehauptungswille zumindest beigemischt ist, wenn nicht sogar im Vordergrund steht. Zwar kann „kindlicher Trotz" (S. 59) in Rechnung gestellt werden; und man könnte weiterhin Gretes Verweigerung einer Kommunikation mit dem ‚Ungeziefer' aus der Tatsache ableiten, dass sie „noch ein Kind war mit ihren siebzehn Jahren …" (S. 53). Diese Deutung ihres Verhaltens greift aber zu kurz, denn in der entscheidenden Situation – als Gregor ‚hervorbricht' und das „Bild der in lauter Pelzwerk gekleideten Dame" besetzt (S. 61) – zeigt sie Umsicht und Mut: Umsicht gegenüber der Mutter, die sie eilig aus dem Zimmer bringt und medizinisch versorgt (S. 62); Mut gegenüber dem Bruder, dem sie „mit erhobener Faust und eindringlichen Blicken“ begegnet (S. 62). Überhaupt ist bemerkenswert, dass sich im Zuge dieser heftigen Konfrontation „ihre Blicke mit denen Gregors“ zum ersten Mal in der Erzählung kreuzen (S. 61) und ihre drohenden Worte „Du, Gregor!“ ebenfalls die ersten sind, die sie „seit der Verwandlung [...] unmittelbar an ihn gerichtet hatte.“ (S. 62)

Die Frage, warum Grete angesichts eines ‚harmlosen‘ Illustriertenfotos derart aggressiv reagiert und anschließend ihre Haltung Gregor gegenüber radikal verändert, hat zu vielen Spekulationen geführt. Ganz gewiss muss es eine – aus dem Text nicht sicher bestimmbare – emotionale Beziehung zwischen Gregor und dem Bild geben; andernfalls hätte er es nicht wie ein kostbares Gemälde gerahmt und verglast und würde es nicht so vehement verteidigen. Bedenkt man den ‚Alleinvertretungsanspruch‘ der Schwester für Gregor, auf dem schließlich ihre Position innerhalb der Familie beruht, so könnte sie die Dame als Gefährdung eben dieser Machtstellung begreifen, auch wenn zu dieser Befürchtung kein realer Anlass besteht. Ob darüber hinaus ein inzestuöses Verlangen, das wir bei Gregor nicht ausschließen konnten, auch für sie zutrifft, lässt sich nicht mit Sicherheit behaupten, da die Erzählperspektive keinen Einblick in ihr Innenleben gewährt. Man kann die Möglichkeit einer erotischen Rivalität zumindest nicht von der Hand weisen, wenn auch dem Leser keine **tatsächlichen** Reaktionen Gretes auf den Besitzanspruch ihres Bruders bekannt sind. Er sieht sich vielmehr auf dessen Phantasien verwiesen, in denen die Schwester „in Tränen der Rührung“ ausbricht, nachdem sie von seinen großzügigen Plänen erfahren hat (S. 77). Der eigentliche ‚Partner‘ Gretes beim abendlichen Vorspielen ist aber ihre Violine.

Beim Familienrat dagegen wird ihre Haltung unmissverständlich klar: „Wir müssen versuchen, es loszuwerden.“ (S. 79) Das von ihr durchgängig verwendete unpersönliche Pronomen zeigt, dass sie in ihrem Bruder nur noch das „Tier“ sieht und entspricht früheren Verhaltensweisen, in denen sich eine solche Perspektive bereits ankündigte. Ebenso erreicht ihre Aggressivität hier den

Höhepunkt und unterscheidet sich auffällig vom besonnenen Verhalten des Vaters: Ihre Schreckensvisionen im Hinblick auf ein weiteres Zusammenleben mit dem „Tier“ werden unterbrochen von heftigem „Weinen“ (S. 80) und hektischen Bewegungen im Raum; das dreimal ausgesprochene ‚Todesurteil‘ versucht sie mit absurden Überlegungen zu begründen, die eine Unterscheidung zwischen ihrem Bruder und dem „Tier“ mit aller Deutlichkeit zum Ausdruck bringen:

> „Du musst bloß den Gedanken loswerden suchen, dass es Gregor ist. Dass wir es so lange geglaubt haben, das ist ja unser eigentliches Unglück. Aber wie kann es denn Gregor sein? Wenn es Gregor wäre, er hätte längst eingesehen, dass ein Zusammenleben von Menschen mit einem solchen Tier nicht möglich ist und wäre freiwillig fortgegangen.“ (S. 80)

Diese an den Vater gerichtete Rede lässt erkennen, dass die ‚Vollstreckerfunktion‘ auf die Schwester übergegangen ist, bei der sie sich zwar nicht in Taten, aber in ‚vernichtenden‘ Worten äußert.

Auf diesem Hintergrund mag das Schlussbild der Erzählung, welches Grete „zu einem schönen und üppigen Mädchen aufgeblüht“ zeigt (S. 87), wie bittere Ironie wirken. Es entspricht aber durchaus der Logik der familiären Beziehungen, die – als Reaktion auf seine Verwandlung – die Verstoßung, Isolation und ‚Beseitigung‘ Gregors erzwingen; dessen Position übernimmt am Ende aber nicht der Vater, sondern die Schwester, weil ihre jugendliche Schönheit ein in die Zukunft investierbares ‚Kapital‘ darstellt. Steht das blühende Mädchen auch in denkbar schärfstem Kontrast zu dem „Zeug von nebenan“, so lässt sich ein Vergleich zwischen beiden – was nämlich ihre familiäre Nützlichkeit betrifft – nicht von der Hand weisen. Er ermöglicht es vielmehr, die Entwicklung Gretes aus einer anderen als der zunächst naheliegenden Perspektive zu beurteilen. Eine oberflächliche Betrachtung würde nämlich zu dem Ergebnis führen, die von den Eltern zunächst als „nutzloses Mädchen“ angesehene Tochter durchlaufe einen Prozess der Emanzipation, der über ihre Mittlerfunktion innerhalb der Familie, den Beruf als „Verkäuferin" und das abendliche Studium von „Stenografie und Französisch" (S. 67) hin zu ihrer Rolle als ‚Hoffnungsträgerin' der Familie führe. Ihre **tatsächlichen** Zukunftsaussichten an der Seite eines „braven Mann(es)" (S. 88), sollten sie denn in Erfüllung gehen, lassen aber gerade keinen Raum für emanzipatorische Erwartungen, sondern entsprechen dem üblichen weiblichen Rollenschema der damaligen Zeit. Eine Chance, diesem Schicksal zu entgehen, hätte sich Grete mit der Entwicklung ihres künstlerischen Talents eröffnet, also mit dem Plan ihres Bruders. So wie für Gregor die Musik jene „unbekannte Nahrung" ist, die ihm bislang unterdrückte Bedürfnisse und Gefühlsqualitäten offenbart, so könnte sie für die Schwester zum Medium einer Befreiung von familiären Zwängen und entsprechenden Erwartungen an die Tochter werden. Bezeichnenderweise sind dies aber Überlegungen ‚im Konjunktiv', denn es scheint, dass sich letztlich die kleinbürgerliche Mentalität Gretes in Übereinstimmung mit den Plänen der Eltern durchsetzt: Vom Konservatorium ist am Ende der Erzählung keine Rede mehr. Gregors Plan hat sich schon mit seiner Verwandlung, endgültig dann mit seinem Tod erledigt. Gleichzeitig ist die mögliche Inzest-Gefahr in der Beziehung zwischen Bruder und Schwester zugunsten einer bürgerlichen Lebensperspektive für Grete gebannt.

Die Mutter

Im ersten Teil greift die Mutter noch aktiv in das Geschehen ein. Mit ihrer „sanfte(n) Stimme" nimmt sie als Erste Kontakt zu Gregor auf (S. 26) und versucht später den ungehaltenen Prokuristen zu beruhigen, indem sie ihren Sohn als idealen Angestellten beschreibt: „Der Junge hat ja nichts im Kopf als das Geschäft." (S. 31) Sie ist es auch, die Grete zum „Arzt" schickt, während der Vater einen „Schlosser" holen lässt (S. 35). Beim Anblick des verwandelten Sohnes versagen allerdings ihre Kräfte: sie „fiel inmitten ihrer rings um sie herum sich ausbreitenden Röcke nieder, das Gesicht ganz unauffindbar zu ihrer Brust gesenkt." (S. 37) Als Gregor dann auf seine „Beinchen" fällt und „gar nicht weit von seiner Mutter entfernt, ihr geradezu gegenüber auf dem Boden lag" (S. 41), wacht sie aus ihrer halb ohnmächtigen Teilnahmslosigkeit auf und reagiert mit hektisch-ziellosen Aktionen.

Ein solch unkontrolliertes Verhalten, gekennzeichnet durch einen schnellen Wechsel von Ohnmachten und hysterischen Anfällen, scheint charakteristisch für diese Figur zu sein, wiederholt es sich doch an anderer Stelle. Beim Anblick von Gregors Zimmer

> „erblickte (sie) den riesigen braunen Fleck auf der geblümten Tapete, rief, ehe ihr eigentlich zu Bewusstsein kam, dass es Gregor war, was sie sah, mit schreiender, rauher Stimme: ‚Ach Gott, ach Gott!' und fiel mit ausgebreiteten Armen, als gebe sie alles auf, über das Kanapee hin und rührte sich nicht." (S. 62)

Wenig später beobachtet Gregor, wie die Mutter aus seinem Zimmer „hervoreilte",

> „auf den Vater zulief und ihr auf dem Weg die aufgebundenen Röcke einer nach dem anderen zu Boden glitten und wie sie stolpernd über die Röcke auf den Vater eindrang und ihn umarmend, in gänzlicher Vereinigung mit ihm [...] die Hände an des Vaters Hinterkopf um Schonung von Gregors Leben bat." (S. 66)

Gegen Ende der Erzählung hat sich offenbar ihr Zustand verändert: als Gregor durch das Violinespiel der Schwester hervorgelockt wird, heißt es über die Mutter, dass sie „in Atembeschwerden mit heftig arbeitenden Lungen noch auf ihrem Sessel saß ..." (S. 78); dem Familienrat schließlich kann sie kaum folgen, geschweige denn daran teilnehmen, denn sie „fing in die vorgehaltene Hand mit einem irrsinnigen Ausdruck der Augen dumpf zu husten an" und „hörte in ihrem Husten nichts ..." (S. 79). Auch hier kommt sie nicht von ihrem „Sessel" hoch (S. 81).

Aus dem Vergleich der zitierten Stellen lässt sich ein rapider Energieverlust der Mutter ableiten, wodurch sie sich im dritten Kapitel einem Zustand der ‚Invalidität' annähert, der ebenso an Gregors Situation erinnert wie ihre Unfähigkeit zur Kommunikation. Diese ist zwar medizinisch mit einem „Asthma" zu erklären, unter dem sie schon längere Zeit leidet (S. 53), doch der „irrsinnige(n) Ausdruck der Augen" deutet zugleich auf nervliche Überspannung hin, die die Krankheit erst zum Ausbruch bringt. Gregors Schicksal scheint die Mutter besonders stark in Mitleidenschaft zu ziehen; aufgrund ihrer Persönlichkeitsstruktur ist sie – im Unterschied zum Vater und zur Schwester – nicht in der Lage, die schrecklichen Vorgänge zu verkraften. Diesen ist sie vielmehr schutzlos preisgegeben, weil sie über die Reaktionsweisen der beiden anderen Familienmitglieder – körperliche bzw. verbale Aggression – nicht verfügt. In diesem Zusammenhang muss jedoch ihr besonderes Verhältnis zu Gregor berücksichtigt werden, den sie schließlich zur Welt gebracht hat; ihre auffällige Charakterisierung durch die „Röcke", „inmitten" deren sie niederfällt (S. 37) oder über die sie stolpert, könnten in diese Richtung weisen; auch die als Sexualakt deutbare „gänzliche(n) Vereinigung" mit dem Vater (S. 66) ließe sich entsprechend als Hinweis auf ihre spezifische Rolle und Funktion innerhalb der Familie verstehen.

Die bloße Tatsache der Mutterschaft spricht allerdings noch nicht für eine besondere Nähe zu Gregor. Diese ergibt sich jedoch, wenn wir den Schluss des zweiten Kapitels als verzweifelten Rettungsversuch der Mutter interpretieren: Ohne ihre ‚Intervention' – es handelt sich allerdings weniger um ein aktives Eingreifen als um eine spontane Reaktion auf die sich überstürzenden Ereignisse – wäre Gregor mit einiger Wahrscheinlichkeit vom Vater getötet worden; so aber nutzt sie die „gänzliche(r) Vereinigung" mit ihm und bittet in dieser günstigen Situation „um Schonung von Gregors Leben ..." (S. 66). Auch gegenüber Grete versucht sie kurz vorher die Interessen ihres Sohnes zu vertreten, indem sie auf seine menschlichen Empfindungen angesichts eines ausgeräumten Zimmers hinweist; Gregors eigener Widerwille gegen ein Zimmer, das einer „Höhle“ gleichen würde, bestätigt ihre Bedenken vollauf. Gemessen am Einfühlungsvermögen der Mutter erscheinen die Aktivitäten Gretes für ihren Bruder recht oberflächlich und auch der eigenen ‚Imagepflege‘ verpflichtet. So erklärt sich auch Gregors Wunsch, die Mutter möge ihn wenigstens ab und zu einmal besuchen:

> „... sie verstand doch alles viel besser als die Schwester, die trotz all ihrem Mute doch nur ein Kind war und im letzten Grunde vielleicht nur aus kindlichem Leichtsinn eine so schwere Aufgabe übernommen hatte.“ (S. 56)

Die Erleichterung, die die Familie nach Gregors Tod empfindet, erstreckt sich allerdings ohne Abstriche auch auf die Mutter; ihre asthmatischen Anfälle scheint sie überwunden zu haben. Der Bedienerin tritt sie auf eine resolute Art entgegen – „Also was wollen Sie eigentlich?“ (S. 86) –, die wir an ihr nicht mehr beobachten konnten, seit sie ihren verwandelten Sohn zum ersten Mal erblickt hatte. Sie schreibt – wie Vater und Schwester – einen Entschuldigungsbrief „an ihren Auftraggeber“ (S. 86), gruppiert sich mit Grete liebevoll um den Vater (S. 87) und geht schließlich in einer vollständigen ehelichen Harmonie auf, da beiden – „Herrn und Frau Samsa“ – „im Anblick ihrer immer lebhafter werdenden Tochter fast gleichzeitig“ dieselben Gedanken kommen (S. 87). Damit ist jene mangelnde Übereinstimmung der Eheleute überwunden, die sich bei früheren „gemeinsamen Spaziergängen“ zeigte, als Gregor und die Mutter stets auf den schwerfälligen Vater Rücksicht nehmen mussten (S. 64).

Der Prokurist

Als Vorgesetzter Gregors repräsentiert der Prokurist die Berufswelt des Handlungsreisenden. Er ist zugleich Vermittler zwischen Gregors Chef und den Eltern, mit denen gemeinsam er gegen ihn eine Front bildet. Die Übereinstimmung geschäftlicher und familiärer Ansprüche erklärt sich nicht nur aus Gregors Position als Ernährer der Familie, sondern vor allem aus der „Schuld der Eltern" gegenüber dem Chef, die er „abzuzahlen" hat (S. 25). So fehlen ein familiärer ‚Schonraum' und eine vor beruflichen Anforderungen gegebenenfalls schützende Privatsphäre. Das zeigt das ‚Auftreten' seines Vorgesetzten im indirekten wie direkten Sinne – seine knarrenden „Lackstiefel" werden hervorgehoben (S. 31) –, der ohne weitere Entschuldigung in die Wohnung eindringt und auch die eingeschüchterten Eltern wie Untergebene behandelt. Sein Verhalten Gregor gegenüber zeugt von Grobheit und – bedenkt man dessen bisheriges berufliches Engagement – einer kaum überbietbaren Rücksichtslosigkeit. Er gibt ihm keine Möglichkeit, sich zu äußern, sondern unterstellt von vornherein Absichten, die zu Gregor in keiner Weise passen:

> „Sie verbarrikadieren sich da in Ihrem Zimmer, antworten bloß mit ja und nein, machen Ihren Eltern schwere, unnötige Sorgen und versäumen [...] Ihre geschäftlichen Pflichten in einer eigentlich unerhörten Weise. [...] Der Chef deutete mir zwar heute früh eine mögliche Erklärung für Ihre Versäumnisse an – sie betraf das Ihnen seit kurzem anvertraute Inkasso –, aber ich legte wahrhaftig fast mein Ehrenwort dafür ein, dass diese Erklärung nicht zutreffen könne. Nun aber sehe ich hier Ihren unbegreiflichen Starrsinn und verliere ganz und gar jede Lust, mich auch nur im geringsten für Sie einzusetzen. Und Ihre Stellung ist durchaus nicht die festeste." (S. 33)

Unter solchen Voraussetzungen wäre eine sachliche Verständigung auch dann nicht möglich, wenn Gregor antworten könnte.

Das herrische und selbstsichere Auftreten des Prokuristen schlägt ins Gegenteil um, als er den verwandelten Gregor erblickt.

> „Gregor hörte [...] den Prokuristen ein lautes ‚Oh!' ausstoßen – es klang , wie wenn der Wind saust – und nun sah er ihn auch, wie er, der der Nächste an der Tür war, die Hand gegen den offenen Mund drückte und langsam zurückwich, als vertreibe ihn eine unsichtbare, gleichsam fortwirkende Kraft." (S. 37)

Auf Gregors ausführliche Entschuldigungsrede reagiert er

ganz ähnlich (S. 39/40). Der Versuch, ihn zum Bleiben zu bewegen, ist angesichts des zurückweichenden und schließlich fliehenden Prokuristen zum Scheitern verurteilt (S. 41). Die plötzliche Flucht erzeugt aus zwei Gründen eine komische Wirkung: Zum einen, weil der bedrohliche Auftritt des Vorgesetzten vom einen Moment zum andern buchstäblich ‚an Boden verliert' und hinter dem autoritären Rollenverhalten ein extrem schreckhafter Mensch zum Vorschein kommt; zum anderen wegen der theatralischen Gesten, die sein inneres Befinden überdeutlich machen, und jener unartikulierten Ausrufe („Oh!", „Huh!"), auf die sein vorher amtlich-präzises Sprachverhalten zusammenschrumpft, die ihn zudem auf die ‚animalische' Stufe von Gregors Artikulationsproblemen zurückwerfen.

Während sich der Prokurist in ständiger Bewegung befindet – er „stand keinen Augenblick still" (S. 39) – scheint er den Blick nicht von Gregor wenden zu können. Er „verzog sich, ohne Gregor aus den Augen zu lassen, gegen die Tür …" (S. 39); und auch kurz vor seinem Verschwinden „sah er noch zum letzten Male zurück." (S. 41) Hier könnte ein Sicherungsverhalten des Flüchtenden vorliegen, aber auch Faszination gerade angesichts des ‚Schrecklichen' im Spiel sein. Andererseits ist von einer „unsichtbare(n), gleichmäßig fortwirkende(n) Kraft" die Rede, die den Prokuristen vertreibt; sie führt wohl zu jener „überirdische(n) Erlösung", von der es heißt, dass sie ihn auf der „Treppe", also jenseits der Wohnung Samsa, zu erwarten scheint. (S. 40) Man fühlt sich hier an die „unbekannte Nahrung" des Violinespiels erinnert, die auf Gregor eine Sogwirkung ausübt. Auch der Prokurist scheint sich im Spannungsfeld anziehender und abstoßender Kräfte zu bewegen. Im Unterschied zu der „unbekannte(n) Nahrung", die Gregor auf unbekannte Regionen seines ‚Ichs' verweist, ist die „überirdische Erlösung" im Zusammenhang mit seiner Flucht ironisch zu verstehen; denn das religiöse Vokabular bildet einen komischen Kontrast zu einer Flucht, die in die Normalität des bürgerlichen Alltags zurückführt. Für den Prokuristen ist Gregor jedenfalls schon zu diesem Zeitpunkt ‚gestorben'.

Die Zimmerherren

Die drei Herren treten der Familie zwar nicht in offizieller Funktion entgegen, sondern sind von ihr als Mieter akzeptiert worden. Jedoch richten sie sich im Unterschied zum Prokuristen in der Wohnung ein und bewirken dort nachhaltige Veränderungen: Nicht nur, dass sie das Zimmer der Schwester okkupieren, die nun in der „Küche" Violine spielen muss (S. 75); sie nehmen an den Abenden auch das Wohnzimmer als Speiseraum in Anspruch und werden dort von der Familie mit großer Zuvorkommenheit bedient (S. 74). Ihre Anwesenheit bewirkt eine Verdrängung der Familie, die sich – wie Dienstboten – in die Küche zurückzieht (S. 74) und dort auf weitere Anweisungen zu warten scheint. Dieser Entwicklung entspricht die Abschiebung alter, unbrauchbarer Einrichtungsgegenstände in Gregors Zimmer, das dadurch zu einer unbewohnbaren Rumpelkammer wird:

> „Unnützen oder gar schmutzigen Kram ertrugen sie nicht. Überdies hatten sie zum größten Teil ihre eigenen Einrichtungsstücke mitgebracht. Aus diesem Grunde waren viele Dinge überflüssig geworden, die zwar nicht verkäuflich waren, die man aber auch nicht wegwerfen wollte. Alle diese wanderten in Gregors Zimmer." (S. 73)

Neben dem Bedürfnis nach Sauberkeit und Ordnung wird als weitere hervorstechende Eigenschaft der Herren ihr Appetit erwähnt, verbunden mit einem geradezu lustvollen Kauen (S. 74). In genauem Gegensatz zu Gregor entspricht die Vorliebe der drei Zimmerherren für materielle Genüsse einem völligem Desinteresse an geistigen, hier am Violinespiel der Schwester; zwar akzeptieren sie wohlwollend Gretes Darbietung als eine Art ‚Dessert' nach beendeter Mahlzeit (S. 75), doch sie

> „zogen sich bald unter halblauten Gesprächen mit gesenkten Köpfen zum Fenster zurück, wo sie vom Vater besorgt beobachtet, auch blieben. Es hatte nun wirklich den überdeutlichen Anschein, als wären sie in ihrer Annahme, ein schönes oder unterhaltendes Violinspiel zu hören, enttäuscht worden, hätten die ganze Vorführung satt und lie-

ßen sich nur aus Höflichkeit noch in ihrer Ruhe stören.“ (S. 76)

Beim Anblick Gregors reagieren sie nicht panisch, sondern sind „ein wenig böse“ (S. 77); in ihr Zimmer weichen sie zunächst „nur langsam“, später dann „schon schneller“ zurück, jedoch nur „unter dem Drängen des Vaters“, der sie – wie zuvor seinen verwandelten Sohn – in seine Kontrolle bringen will. Das gelingt aber in diesem Falle nicht, weil „der mittlere der Herren donnernd mit dem Fuß aufstampfte und dadurch den Vater zum Stehen brachte.“ (S. 78) Es folgt eine in scharfem Tonfall vorgebrachte Kündigung „mit Rücksicht auf die in dieser Wohnung und Familie herrschenden widerlichen Verhältnisse“, die weitere Bedingungen und „Forderungen“ enthält (S. 78). Gregors Tod führt dann zu einer Umkehrung der Machtverhältnisse zwischen der Familie und den Herren: Es ist nun der Vater, der die Kündigung ausspricht (S. 85). Die Herren reagieren zunächst „etwas bestürzt“, aber „in freudiger Erwartung eines großen Streits“; schließlich wird der Entschluss Herrn Samsas mit „Demut“ hingenommen. (S. 85)

Die angeführten Textstellen machen deutlich, dass die drei Zimmerherren stets als Einheit, als geschlossene Gruppe auftreten. Sie zeigen nicht nur dieselben Eigenschaften und äußeren Merkmale – sie sind „ernste(n) Herren, alle drei hatten Vollbärte“ (S. 73) – sowie identische Interessen und Vorlieben. Auch ihr Verhalten ist bis in einzelne Gesten und Bewegungen hinein koordiniert wie in einer Choreografie. Entsprechend befindet sich derjenige unter ihnen, der „als Autorität zu gelten schien“, stets „in der Mitte“ (S. 74): „... der Mittlere hatte eine Zeitung hervorgezogen, den zwei anderen je ein Blatt gegeben und nun lasen sie zurückgelehnt und rauchten.“ (S. 75) Der „Führer“ der Herren ist auch der Wortführer und verhandelt mit Herrn Samsa. Auf dessen Kündigung hin „hüpften ihm“ die beiden anderen „jetzt geradezu nach, wie in Angst, Herr Samsa könnte [...] die Verbindung mit ihrem Führer stören.“ (S. 85) Nicht um Individuen, sondern um eigenartige Gruppenwesen, die nur im Kollektiv lebensfähig sind, scheint es sich bei den Zimmerherren zu handeln. Ihr Verhalten zeigt ebenso starke Schwankungen wie das des Prokuristen: Ein energisches Auftreten schlägt um in ein widerstandsloses, schnelles und in den Bewegungsabläufen komisch wirkendes Verschwinden. Dieses Verschwinden lässt sich als regelrechte Vertreibung durch den Vater interpretieren, in der die Erstarkung der Familie nach Gregors Tod zum Ausdruck kommt. Für eine solche Deutung spricht auch, dass der nunmehr **drei**köpfigen Familie **drei** Mieter zugeordnet sind – eine Symmetrie, die vor allem bei der entscheidenden Konfrontation zwischen beiden Gruppen wichtig wird: Herr Samsa „ging in einer Linie mit seinen zwei Begleiterinnen" auf die Herren zu und ist peinlich darauf bedacht, die Frauen nicht „von sich zu lassen." (S. 85) Wie der Verlauf der gesamten Erzählung zeigt, gewinnt auch die Familie zusehends Stärke im Zusammenhalt; doch besteht sie, wie wir gesehen haben, aus ganz unterschiedlichen Charakteren.

Da die Zimmerherren nicht als voneinander unterscheidbare Einzelpersonen gestaltet sind, scheint es dem Autor auch nicht um die Charakterisierung der Figuren als solche, d. h. als Individuen im Rahmen des realistisch gezeichneten Milieus der Erzählung zu gehen. Vielmehr erfüllen sie – im Zusammenhang der Personenkonstellation – eine **symbolische Funktion.** Ihre Dreizahl macht sie vorübergehend zu ‚Platzhaltern' der an den Rand des Geschehens gedrängten Familie, deren wieder gewonnene Stärke sich später in ihrer Vertreibung erfüllt. Aufgrund ihrer Vitalität, die in den Essgewohnheiten und den mehrfach erwähnten „Bärten" anschaulich wird, sowie andererseits ihrer ‚stumpfsinnigen' Unempfindlichkeit gegenüber der Musik bilden sie einen Kontrast zu Gregor und verkörpern biedere Normalität. Aus dessen Sicht symbolisieren sie darüber hinaus, da sie Vater, Mutter und Schwester zu Fremden in der eigenen Wohnung machen, die endgültige Auflösung der Familienstruktur, die seit seiner Verwandlung schon gestört ist. Erst durch seinen Tod kann die ‚Energie' der drei Herren auf die Familie ‚übergehen'.

Die Bedienerin

Die Bedienerin ist die **dritte** Hausangestellte, die im Verlauf der Erzählung bei Familie Samsa tätig ist. Das erste Dienstmädchen hatte

> „gleich am ersten Tag […] kniefällig die Mutter gebeten, sie sofort zu entlassen, und als sie sich eine Viertelstunde danach verabschiedete, dankte sie für die Entlassung unter Tränen, wie für die größte Wohltat, die man ihr hier erwiesen hatte und gab, ohne dass man es von ihr verlangte, einen fürchterlichen Schwur ab, niemandem auch nur das Geringste zu verraten." (S. 50);
>
> das zweite, ein „etwa sechzehnjährige(s) Mädchen",
>
> „harrte zwar tapfer seit Entlassung der früheren Köchin aus, hatte aber um die Vergünstigung gebeten, die Küche unaufhörlich versperrt halten zu dürfen und nur auf besonderen Anruf öffnen zu müssen." (S. 57)

Von solchen Ängsten wird die Bedienerin nicht geplagt: „Diese alte Witwe, die in ihrem langen Leben mit Hilfe ihres starken Knochenbaus das Ärgste überstanden haben mochte, hatte keinen eigentlichen Abscheu vor Gregor." (S. 71) Ganz im Gegenteil: Sie beschimpft ihn als „Mistkäfer" (S. 72) und tritt ihm, als er sich „erbittert […] wie zum Angriff […] wendete", mit dem „Sessel" – einem Gegenstand, der mehrmals die Schwäche von Mutter und Vater symbolisiert – als ‚Waffe' entgegen (S. 72). Sie versäumt ihre eigentliche Aufgabe, „sein Zimmer täglich zu reinigen" (S. 72) und schleudert stattdessen das in der sonstigen Wohnung nicht mehr verwendbare „Rumpelzeug" hinein (S. 73). Aufgrund ihres „starken Knochenbaus" kann sie die dazu nötige Kraft offenbar mühelos aufbringen; überhaupt wird sie durch die „Kraft und Eile" charakterisiert, mit der sie Türen zuschlägt und sich durch die Wohnung bewegt. Dass körperliche und psychische Robustheit in ihrer Person vereinigt sind, wird deutlich, als sie den toten Gregor entdeckt; nachdem sie – in Fortsetzung ihrer verbalen Aggressivität – ihn mit dem „langen Besen" zunächst „kitzelte", verkündet sie, als sie den „wahren Sachverhalt erkannte", den Eltern: „Sehen Sie nur mal an, es ist krepiert; da liegt es, ganz und gar krepiert!" (S. 83) Als die Eltern Gregors Zimmer schon verlassen haben, „schloss [sie] die Tür und öffnete gänzlich das Fenster." (S. 84) Diese ganz praktischen Handlungen deuten, wenn man sie symbolisch verstehen will, schon auf ihre Rolle am Schluss der Erzählung voraus: Sie kümmert sich um den Leichnam, den die Familie nicht mehr zu Gesicht bekommen wird, und versichert mit „freundlichem Lachen" (S. 86): „... also darüber, wie das Zeug von nebenan weggeschafft werden soll, müssen Sie sich keine Sorgen machen. Es ist schon in Ordnung." (S. 86)

Es liegt nahe, die alte Bedienerin als ‚Stellvertreterin' der Schwester zu begreifen, denn sie wird eingestellt, weil Grete ihrer Bemühungen um den Bruder „überdrüssig geworden war ..." (S. 71). Schon die Schwester hatte Gregors psychische Bedürfnisse vernachlässigt und manche Arbeiten eher hastig und lustlos ausgeführt: die Bedienerin kümmert sich überhaupt nicht um ihn, verhält sich vielmehr ganz und gar rücksichtslos. Auch die Sprache der beiden Frauen ist aufschlussreich: Grete fordert energisch, man müsse versuchen „es loszuwerden", die Bedienerin bezeichnet Gregor als „alten Mistkäfer" (S. 72) und verkündet, es sei „krepiert". Danach erspart sie der Schwester wie den Eltern jede weitere Beschäftigung mit dem „Zeug von nebenan"; da sie weiß, wie es „weggeschafft werden soll", können auf Gretes vagen Vorsatz konkrete Maßnahmen folgen.

2.2 Thematische Schwerpunkte

Die Verwandlung

Kafka hat sich mit Entschiedenheit gegen die Möglichkeit verwahrt, das ‚Ungeziefer' auf dem Umschlag zur Buchausgabe seiner Erzählung (Kurt Wolff Verlag, Leipzig 1916; Band 22/23 der Reihe ‚Der jüngste Tag') abzubilden. An seinen Verleger Kurt Wolff schreibt er im Hinblick auf Ottomar Starke, den Illustrator:

> „Es ist mir nämlich, da Starke doch tatsächlich illustriert, eingefallen, er könnte etwa das Insekt selbst zeichnen wollen. Das nicht, bitte das nicht! Ich will seinen Machtkreis nicht einschränken, sondern nur aus meiner natürlicherweise besseren Kenntnis der Geschichte heraus bitten. Das Insekt selbst kann nicht gezeichnet werden. Wenn ich für eine Illustration selbst Vorschläge machen dürfte, würde ich Szenen wählen wie: die Eltern und der Prokurist vor der geschlossenen Tür oder noch besser die Eltern und die Schwester im beleuchteten Zimmer, während die Tür zum ganz finsteren Nebenzimmer offensteht."[14]

Starke hat sich von Kafkas Vorschlägen durchaus anregen lassen, aber den Vater allein gezeichnet, der sich – die Hände vor dem Gesicht – erschreckt von der halb offenen Tür zu Gregors Zimmer abwendet, die nur einen schmalen schwarzen Streifen freigibt.

Die bislang einzige Verfilmung der Erzählung – eine Fernsehspielfassung[15] – würde Kafka wohl akzeptiert haben: Die Kamera ist hier durchgehend auf die Perspektive des ‚Ungeziefers' festgelegt, das so selbst nicht in den Blick kommt. Der bekannte amerikanische Regisseur David Lynch *(Blue Velvet)* hatte vor ca. zwei Jahren angekündigt, er plane eine Kinofassung der *Verwandlung* und wolle das ‚Insekt' mithilfe aufwendiger Computertechnik ‚herstellen'; aus diesem Plan ist offensichtlich nichts geworden. Auch bildende Künstler der verschiedensten Richtungen haben sich an Kafkas ‚Bildnisverbot' nicht gehalten und das

‚Ungeziefer' in verschiedenen Variationen dargestellt: überdimensional groß oder mit biologischer Exaktheit, zumeist in Gestalt eines Käfers, aber auch als Floh[16]! Solche Versuche dürften nach Kafkas Auffassung in eine ganz falsche Richtung führen: Denn er selbst hat dem **Aussehen** des verwandelten Gregor wenig Aufmerksamkeit geschenkt; am ergiebigsten ist hier noch der erste Absatz der Erzählung, während später körperliche Merkmale – die „Beinchen", der „Rücken" oder die „Nüstern" – nur dann erwähnt werden, wenn es der Handlungszusammenhang verlangt. Wäre es ihm auf eine Beschreibung als solche angekommen, hätte er z. B. nach Gregors Tod Gelegenheit gehabt, ihn ausführlich aus der Sicht einer anderen Person schildern lassen. Seine Erzählung gehört also **nicht** in die Reihe jener Verwandlungs- oder **Metamorphosendichtungen,** die seit der Antike (Ovid, Apuleius) immer wieder auftauchen und z. B. in der Volksdichtung (Märchen) und Literatur der Romantik eine Rolle spielen. Es geht Kafka nicht um den märchenhaften Prozess einer physischen Metamorphose vom Menschen zum Tier, nicht um einen Gestaltwechsel unter dem Einfluss schöpferischer Naturkräfte: Gregor **ist** zu Beginn der Geschichte bereits vollständig **verwandelt.** Ihr Titel – er lautet ja nicht ‚Der Verwandelte' – beinhaltet aber weit mehr: zum einen die Entwicklung der Hauptfigur bis zu ihrem Tod; andererseits die von Vater und Schwester durchlaufenen ‚Verwandlungen'. Diese **drei** Verwandlungen haben gemeinsam, dass sie – im Unterschied zu einer Metamorphose im herkömmlichen Sinn – unvollständig bleiben: Gregors Innenleben ist bis zu seinem Ende das eines Menschen; der tyrannische Vater erscheint zwischendurch und am Ende der Erzählung als gewöhnlicher alter Mann; und Grete wird – als zu verheiratender Bürgerstochter – die Emanzipation, gar die Selbstverwirklichung als Künstlerin, versagt bleiben.

Wir wollen hier nicht weiter über mögliche literarische Vorbilder für Kafkas *Verwandlung* spekulieren[17], sondern eine andere, solidere Spur verfolgen. Im ‚Brief an den Vater' beklagt sich der Autor über die Eigenart Hermann Kafkas, auf Personen aus seinem Bekanntenkreis mit „Beschimpfung, Verleumdung, Entwürdigung" zu reagieren: „Unschuldige, kindliche Menschen, wie zum Beispiel der jiddische Schauspieler Löwy mussten das büßen. Ohne ihn zu kennen, verglichst du ihn in einer Weise [...] mit Ungeziefer ..."[18]. Wie auch andere Stellen des ‚Briefs' zeigen, sind „Schimpfen, Drohen, Ironie, böses Lachen"[19] charakteristische Verhaltensweisen des Vaters, die der Sohn auch dann, wenn sie nicht direkt auf ihn bezogen sind, stets mit seiner Person in Zusammenhang bringt – er ist „manchmal davon fast betäubt ..."[20]. Bedenkt man die offensichtlichen Parallelen zwischen Hermann Kafka und dem Vater in der Erzählung, so liegt es nahe, die Verwandlung Gregors als literarische Umsetzung eines – entwürdigenden – **Vergleichs** in eine – freilich erfundene – **Tatsache** zu begreifen: Gregor **fühlt sich nicht wie** ein Ungeziefer, er **ist** zu einem solchen **geworden.** An die Stelle der Veranschaulichung eines **inneren Befindens** im Vergleich – oder an die Stelle einer Schimpfwort-Metapher wie: ‚Du Ungeziefer!' – ist die **leibhaftig** erfahrene **Realität** der **Verwandlung** getreten.

Das Schockierende und die neuartige Qualität einer solchen literarischen Umsetzung einer gebräuchlichen Beschimpfung lässt sich ermessen, wenn man eine frühere Erzählung Kafkas zum Vergleich heranzieht. Im Mittelpunkt der *Hochzeitsvorbereitungen auf dem Lande* aus dem Jahr 1906 steht der Junggeselle Raban – schon der Name weist einen Gleichklang mit Kafka und Samsa auf –, dem am Morgen eines Reisetages, während er noch im Bett liegt, folgende Gedanken durch den Kopf gehen:

> „Und überdies kann ich es nicht machen, wie ich es immer als Kind bei gefährlichen Geschäften machte. Ich brauche nicht einmal selbst aufs Land fahren, das ist nicht nötig, ich schicke meinen angekleideten Körper. [...] ich liege inzwischen in meinem Bett, glatt zugedeckt mit gelbbrauner Decke, ausgesetzt der Luft, die durch das wenig geöffnete Zimmer fährt. [...] Ich habe, wie ich im Bett liege, die Gestalt eines großen Käfers, eines Hirschkäfers oder Maikä-

fers, glaube ich. [...] Eines Käfers große Gestalt, ja. Ich stellte es dann so an, als handle es sich um einen Winterschlaf, und ich presste meine Beinchen an meinen gebauchten Leib."[21]

Die Stelle erinnert unmittelbar an die Ausgangssituation der *Verwandlung;* mit dem entscheidenden Unterschied freilich, dass die „Gestalt eines großen Käfers" hier bloße Wunschvorstellung bleibt. Der Versuch, diesen Wunsch mit seinen Pflichten – es handelt sich um eine Reise zu seiner Verlobten! – zu vereinbaren, führt zu einer Bewusstseinsspaltung, die sich als Verdoppelung des Ichs in zwei ‚Personen' mit unterschiedlichen Antrieben äußert. Eine solche Darstellungsform ist nicht neu: Man findet sie in Erzählungen der Romantik, in denen Doppelgänger der Helden auftauchen; aber auch bei Kafkas Zeitgenossen, den Expressionisten, sind Ich-Störungen dieser Art ein beliebtes Thema[22]. Hier allerdings sind sie in den allermeisten Fällen mit bestimmten epochentypischen Motiven – Krieg, Großstadt, Weltende und ‚Menschheitsdämmerung' – verbunden; das Gefühl des Identitätsverlusts, das auch Rabans Rückzug auf die ‚Käfervision' zeigt, folgt bei den Expressionisten in der Regel aus Erfahrungen und Erlebnissen, die mehr oder weniger eng mit dem ‚nervösen Zeitalter'[23] unmittelbar vor dem Ersten Weltkrieg in Verbindung stehen.

In der ‚Verwandlung' fehlen solche Bezüge zur historischen Epoche, es fehlt aber auch – und das ist entscheidend – eine Bezugsebene der ‚Normalität', auf die man die Verwandlung Gregors beziehen und z. B. als psychische Störung, als Realitätsverlust, begreifen könnte. Denn schon nach kurzer Zeit wird das überdimensionale ‚Ungeziefer' zum Bestandteil des – ganz realistisch geschilderten! – Alltags der Familie Samsa. Es kommt zwar begreiflicherweise zu Konflikten und heftigen Auftritten, aber insgesamt richtet sich ‚das Schreckliche' im ansonsten banalen Tagesablauf ein; nicht zuletzt die sprachliche Darstellung (vgl. *Interpretationshilfe*, S. 76) trägt zu dieser Normalisierung bei. Auf den nach Anhaltspunkten suchenden Leser und Interpreten muss dies geradezu provozierend wirken. Die Vielzahl unterschiedlicher Deutungen und methodischer Zugriffe (vgl. *Interpretationshilfe*, S. 111 ff.) zeugt von einer gewissen Ratlosigkeit oder gar ‚Verzweiflung'; sie alle begegnen dem befremdenden Faktum der Verwandlung, indem sie es als **Veräußerlichung abstrakter** – psychischer, zwischenmenschlicher, sozialer – **Zustände** und **Prozesse** zu begreifen versuchen, damit aber in den Bereich des rational Erklärbaren zurückholen. Alle zusammen zeigen aber, dass der Text selbst **mehr** ist und immer **mehr** bedeutet als die Summe aller möglichen Deutungen, in denen er doch nie ganz aufgeht; es bleibt – man kann machen, was man will – ein **geheimnisvoller Rest.**

Abschließend seien – als ein ‚Angebot' – einige Beispiele für ein Verständnis der Verwandlung aufgeführt. So könnte die ‚Käfergestalt' begriffen werden als Ausdruck

- einer Befreiung von beruflichen und familiären Zwängen, die jedoch zugleich eine **neue Gefangenschaft** – im tierischen Körper – mit sich bringt und schließlich zum Tode führt;
- einer Flucht vor beruflichen und familiären Anforderungen, die jedoch keine Ortsveränderung bewirkt, sondern eher einer **‚inneren Emigration'** ähnelt;
- der **Bestrafung bzw. Selbstbestrafung,** da Gregor eben diese Befreiung oder Flucht nicht als Mensch zu verwirklichen imstande war und sich immer wieder unterdrückte Wünsche in dieser Richtung als **hässliche, widerliche** Entstellung an ihm selbst zeigen;
- **des Protests und der Rebellion** gegen die als unerträglich empfundene persönliche und/oder soziale Situation, die sich aber **gegen ihn selbst** wenden, da er den Zumutungen der Familie und der Vorgesetzten nicht offensiv entgegentrat;
- des **Verlusts sozialer Beziehungen, einer Isolation von Familie und Gesellschaft,** der völligen **Einsamkeit** und **Verlassenheit;** alle diese Tendenzen zeichnen sich schon in Gregors früherem Leben ab und finden in der ‚Käfergestalt' ihr trauriges Endstadium.

Der Konflikt zwischen Vater und Sohn

Der Vater/Sohn-Konflikt ist eines der ältesten und am meisten bearbeiteten Themen der Weltliteratur[24]. Als ein „in jeder Generation neu entstehendes Motiv" folgt er nach Elisabeth Frenzel einem immer wiederkehrenden Schema:

> „Es handelt sich ganz einfach um einen Machtkampf, der ausbricht, wenn die junge Generation zur Selbstständigkeit herangereift ist, die alte aber die Herrschaft noch in Händen hält und auch noch die Fähigkeit besitzt, sie auszuüben."[25]

In bestimmten Epochen – im ‚Sturm und Drang', aber auch im Expressionismus – tritt dieser „Machtkampf" besonders deutlich in den Vordergrund; ausschlaggebend hierfür sind zumeist historisch-gesellschaftliche Umbrüche, Zeiten der Krise, die zu einer Entwertung von Traditionen und zu einem Bedürfnis nach neuen Orientierungen führen. Dass für Kafka der Vater zum Gegenstand einer lebenslangen literarischen Auseinandersetzung wurde, lässt sich nicht – jedenfalls nicht in erster Linie – auf eine allgemeine Epochenströmung zurückführen; in seinem Leben war der Vater die einflussreichste und zugleich verhängnisvollste Person und seine schriftstellerische Arbeit begriff er als die einzig mögliche Rechtfertigung seiner Existenz ihm gegenüber (vgl. *Interpretationshilfe* S. 3–6, 8 f.). Diese Ausnahmesituation prägt die unverwechselbare Gestaltung des Themas in seinem Werk.

In der *Verwandlung* wie auch in anderen Erzählungen (vgl. *Das Urteil*) spitzt Kafka den Vater/Sohn-Konflikt auf ein Verhältnis der Rivalität um die Führungsposition innerhalb der Familie zu. Dabei werden mehrere Phasen durchlaufen, in denen Macht und Ohnmacht jeweils neu auf die Kontrahenten verteilt werden. *Die Verwandlung* kennt – unter Einbeziehung der Vorgeschichte – drei solche Phasen: Ursprünglich war Gregors Vater ein erfolgreicher Geschäftsmann, der Sohn Handelsschüler und anschließend ein kleiner „Kommis" (1. Phase); fünf Jahre vor Beginn der Erzählung erleidet das väterliche Geschäft einen Zusammenbruch, Gregor aber steigt zum „Reisenden" auf und trägt von diesem Zeitpunkt an den ganzen Unterhalt der Familie (2. Phase); durch die Verwandlung wird er zu einem nutzlosen Geschöpf, während Herr Samsa – zuvor ein alter, gebrechlicher Mann – plötzlich erstarkt und erneut in den Mittelpunkt des familiären Geschehens rückt (3. Phase). In jeder der Phasen wird Macht durch Entmachtung gewonnen; Vitalität und – familiäre wie soziale – Stärke scheinen einen ‚Energiestrom' zu bilden, der zwischen Vater und Sohn hin- und herfließt, beide in seinem Bann hält und einen Ausgleich unmöglich macht. Die Verfolgungsszenen am Ende des ersten und zweiten Kapitels zeigen sehr deutlich, wie Herr Samsa, mit aggressiver Energie förmlich aufgeladen, zu einer anonymen Vollstreckerfigur ohne menschliche Züge wird.

Mit dieser Verwandlung wird Gregor ebenso unerwartet konfrontiert wie mit seiner eigenen, die ihn den väterlichen Angriffen gegenüber hilflos macht. Im Hinblick darauf und angesichts der Verletzlichkeit Gregors sowie seiner Perspektive ‚von unten' könnte man einen Zustand vermuten, den die Psychoanalyse als Regression bezeichnet: Rückfall in ein kindliches (infantiles) Entwicklungsstadium. Dazu passen zwar nicht Gregors – z. B. von ökonomischer Vernunft zeugende – Gedanken und sonstige Überlegungen; aber das ‚Schreckbild' des Vaters, sein plötzlicher Machtgewinn, ließe sich gut damit erklären. Es ist der strafende Vater der Kindheit – am Ende des ersten Kapitels mit dem Stock ausgerüstet! –, der in solchen Szenen ‚wiederaufersteht'. Die Art und Weise, wie der Sohn ihn wahrnimmt, spricht durchaus dafür: stampfend, zischend, mit riesengroßen „Stiefelsohlen"; wo die äußere Erscheinung in den Blick kommt, handelt es sich um lauter voneinander isolierte Details, aus denen sich kein individueller Gesamteindruck gewinnen lässt. (S. 42/43, S. 64) Psychoanalytiker würden hier wiederum von einer **Imago** sprechen: So bezeichnet man ein aus frühkindlichen Erfahrungen und Erlebnissen heraus entstandenes Bild einer wichtigen Bezugsperson, das sich dem Unterbewusstsein einprägt und das Verhalten beeinflussen, in bestimmten Situationen aber ‚hervorbrechen' und den Betroffenen überwältigen kann.

Man muss sich aber davor hüten, sein Werk allzusehr zu ‚psychoanalysieren': dass sich manches besser verstehen lässt und Absurdes plötzlich eine gewisse Logik gewinnt, wenn man mit Begriffen wie ‚Verdrängung' und ‚Unterbewusstsein' arbeitet, hängt einfach mit dem zentralen Untersuchungsgegenstand beider – der Psychoanalyse und der Kafka-Texte – zusammen: den familiären Verhältnissen und insbesondere dem Vater/Sohn-Konflikt (vgl. *Interpretationshilfe* S. 112). Vorsicht ist auch geboten, weil Kafka selbst mit den Werken Sigmund Freuds vertraut war und es sein könnte, dass er mit diesbezüglichen Erwartungen der Leser und Interpreten spielt und sie vielleicht bewusst enttäuscht. Sicher ist Gregor, wie schon der Anfang der Erzählung zeigt, der ‚geborene Verdränger', wenn er seinen körperlichen Zustand nicht wahrhaben will; und auch später, wenn er seine Ausbeutung durch die Familie beschönigt und rechtfertigt. Andererseits ist aber der Vater/Sohn-Konflikt **nicht** im Sinne Freuds, nämlich als Folge des bekannten Ödipus-Komplexes, gestaltet. Darunter versteht man – in Anlehnung an den antiken Stoff vom Vatermörder Ödipus, der seine eigene Mutter heiratet – den Wunsch des Sohnes, die Mutter als Liebesobjekt zu besitzen – ein Begehren, auf das der Vater – nach Freud – mit der Kastrationsdrohung antwortet; bei normaler Ich-Entwicklung wird diese Phase überwunden, indem der Jugendliche sich aus der familiären Konstellation (Vater/Mutter/Kind) emanzipiert und seine Sexualenergie (‚Libido') in außerfamiliäre Bindungen einbringt[26]. Die Charakterisierung Gregors hat zwar ergeben, dass ihm – trotz seines Alters – diese Emanzipation nicht gelungen ist und er der Schwester daher mehr als nur brüderliche Gefühle entgegenbringt. Eine Rivalität zwischen Vater und Sohn in Bezug auf Frau Samsa lässt sich aber beim besten Willen nicht ausmachen. Eine solche Möglichkeit deutet sich zwar am Schluss des zweiten Kapitels an, als Gregor die Eltern „in gänzlicher Vereinigung" erblickt, doch wird sie an keiner weiteren Stelle des Textes wieder aufgegriffen. Ein ähnlicher ‚Leerlauf' der Interpretation stellt sich ein, wenn man die vorausgegangenen Apfelwürfe des Vaters in Zusammenhang mit dem **biblischen Sündenfall** – dem ‚Apfel vom Baum der Erkenntnis' – bringt. Es mag sein, dass Kafka dieses Motiv hier bewusst anklingen lässt, da es in der Erzählung ja um eine mögliche Schuld Gregors – eine ‚Sünde?' – geht; vielleicht hat er auch – womöglich nicht ganz ernsthaft, sondern spielerisch – eine Spur ausgelegt, die vom biblischen Sündenfall – dem Verlust der Unschuld – zum ‚keuschen Junggesellen' Gregor Samsa führt, dem beim Anblick seiner sich vereinigenden Eltern die „Sehkraft" versagt; auch hier wäre dann Regression im Spiel, denn die Psychoanalyse spricht von solch schockierenden ‚Urszenen' nur im Hinblick auf Kinder, die ihre Eltern zum ersten Mal als sexuelle Wesen wahrnehmen! Für Gregor und den weiteren Verlauf der Erzählung ist aber nicht die ‚Waffe', sondern allein die Wunde von Bedeutung. In ihr, aber auch schon im Vergehen der „Sehkraft", werden Macht und Ausstrahlung des Vaters körperlich spürbar.

Der Junggeselle und die Frauen

Wie die meisten ‚Helden' Franz Kafkas ist auch Gregor Samsa ein Junggeselle. Dass er außerdem noch in der elterlichen Wohnung lebt, in einem besonders unruhigen Zimmer – dieses Schicksal teilt er mit seinem Erfinder, der in der autobiografischen Skizze ‚Großer Lärm' seine Situation eindrucksvoll beschreibt:

> „Ich sitze in meinem Zimmer im Hauptquartier des Lärms der ganzen Wohnung. Alle Türen höre ich schlagen, durch ihren Lärm bleiben mir nur die Schritte der zwischen ihnen Laufenden erspart, noch das Zuklappen der Herdtüre in der Küche höre ich. Der Vater durchbricht die Türen meines Zimmers und zieht im nachschleppenden Schlafrock durch, aus dem Ofen im Nebenzimmer wird die Asche gekratzt, Valli fragt, durch das Vorzimmer Wort für Wort rufend, ob des Vaters Hut schon geputzt ist, ein Zischen, das mir befreundet sein will, erhebt noch das Geschrei einer antwortenden Stimme. Die Wohnungstüre wird aufgeklinkt und

lärmt, wie aus katarrhalischem Hals, öffnet sich dann weiterhin mit dem Singen einer Frauenstimme und schließt sich endlich mit einem dumpfen, männlichen Ruck, der sich am rücksichtslosesten anhört. Der Vater ist weg, jetzt beginnt der zartere, zerstreutere, hoffnungslosere Lärm, von den Stimmen der zwei Kanarienvögel angeführt. Schon früher dachte ich daran, bei den Kanarienvögeln fällt es mir von neuem ein, ob ich nicht die Türe bis zu einer kleinen Spalte öffnen, schlangengleich ins Nebenzimmer kriechen und so auf dem Boden meine Schwestern und ihr Fräulein um Ruhe bitten sollte."[27]

Vieles erinnert auf den ersten Blick an die *Verwandlung*: nicht nur die vielen Türen, sondern auch das herrische Auftreten des Vaters, die Schwester (hier Valli) und das Kriechen ins Nebenzimmer, diesmal „schlangengleich". Als erwachsende Männer führen Kafka und Samsa in ihren Familien ein zwiespältiges Dasein: Zu den Vätern treten sie zwangsläufig in ein Verhältnis der Rivalität und die Beziehung zu den Schwestern kann zu einer starken affektiven Bindung werden, einem ‚Ersatz' für normale zwischengeschlechtliche Partnerschaften.

In der fiktiven Figur Gregor Samsa hat Kafka seine Rollenkonflikte – als Erwachsener und zugleich Sohn, als Mann und zugleich Bruder – in zugespitzter Form dargestellt. Denn Gregor hat über einen Zeitraum von fünf Jahren die Familie ernährt und damit die Position des Vaters eingenommen, die er durch die Verwandlung wiederum einbüßt. Andererseits ist seine mehr als brüderliche Zuneigung Grete gegenüber nicht zu übersehen. Dass auch der Verwandelte erotische, gar sexuelle Bedürfnisse hat, zeigen nicht nur seine Phantasien beim Violinespiel der Schwester; auch eine andere Schlüsselstelle gibt hierüber – wenngleich eher unauffällig – Auskunft, denn bei dem Versuch, das Bild der Dame zu retten, kriecht Gregor „eilends hinauf und presste sich an das Glas, das ihn festhielt und seinem heißen Bauch wohltat."(S. 61) Man darf hier nicht vergessen, dass der Pelz der Dame auf seinen Körper verweist und der gemeinsame

Nenner zwischen beiden, das ‚Tierische', auch umgangssprachlich oft im Zusammenhang mit Triebhaftigkeit und Sexualität gebraucht wird. Beide ‚Ausbrüche' Gregors – beim Ausräumen des Zimmers und beim Violinespiel – sind jedenfalls durch Frauen motiviert! Im Gegensatz dazu steht aber sein sonstiges Verhalten der Mutter und vor allem Grete gegenüber, das vordergründig durch Rücksichtnahme, in einer tieferen Dimension aber wohl durch Scham gekennzeichnet ist. Bis zu seinem elenden Tod nimmt er sich – von den wenigen und provozierten Ausnahmen abgesehen – immer mehr zurück.

Ähnlich widersprüchlich ist aber auch das Verhalten der beiden Frauen ihm gegenüber. Es zeigt Schwankungen – bei der Mutter zwischen Helfenwollen und Hilflosigkeit, bei Grete zwischen Hilfsbereitschaft und Rückzug, mit einer späteren Umpolung auf Ablehnung und Hass. Gregor allerdings **sucht** keine Hilfe: Er **ist** auf sie **angewiesen,** und sie wird ihm nur eingeschrankt, spater dann gar nicht mehr zuteil. Die Verwandlung bedeutet ja für ihn, dass er nicht nur als Ernährer der Familie und Stellvertreter des Vaters, sondern auch als Mann, als erotisches Wesen und möglicher Sexualpartner nicht mehr in Betracht kommt; auch in diesem Punkt kann man von einer Regression auf eine frühkindliche Stufe sprechen, in der von der Frau – der Mutter – Hilfe und Schutz erwartet wird. Eine solche Regression lässt sich als **Strafe** und **Befreiung** zugleich einstufen, denn sie befreit Gregor Samsa in ähnlicher Weise von Anforderungen, wie Kafka durch seine Lungenkrankheit davon entlastet wurde, das problematische Verhältnis zu Felice aufrecht zu erhalten (vgl. *Interpretationshilfe* S. 5). Steht die Verwandlung für eine schreckliche **Krankheit?** Vielleicht ist es kein Zufall, dass Gregor beim Blick aus dem Fenster zweimal „das gegenüberliegende Krankenhaus" sieht. Für die beiden Frauen, vor allem für die Schwester, wird Gregors Regression aber zum Stein des Anstoßes. Durch seine körperliche Konstitution werden schließlich seine Bedürfnisse und Wünsche immer dann, wenn er sie zu realisieren versucht, entstellt und verzerrt.

Dass ein Rückgriff auf Kafkas **Biografie** im Hinblick auf unser Thema aufschlussreich sein kann, sollen einige abschließende Überlegungen zeigen. Nach Hartmut Binder „überlagert" sich in der Figur Gretes – sie ist die einzige Schwester in Kafkas Werk! – sein „Verhältnis zu Felice mit demjenigen zu Ottla"[28]. Für diese These spricht einiges: Ottla hatte schließlich Kafkas literarische Tätigkeit gefördert, indem sie ihm eine ruhige Wohnung zur Verfügung stellte und ihm einen erholsamen Landaufenthalt ermöglichte (vgl. *Interpretationshilfe* S. 5 f.); hier ergibt sich im Vergleich zur Erzählung ein Rollentausch. Wie Grete ging Ottla später eine ganz normale Ehe ein. Das gute Verhältnis zu ihr wurde allerdings im Oktober 1912 dadurch getrübt, dass sie zusammen mit den Eltern der Meinung war, Kafka müsse sich mehr um die im Familienbesitz befindliche Asbestfabrik kümmern (vgl. *Interpretationshilfe* S. 9) – eine Stellungnahme, die der empfindliche Kafka als Verschwörung gegen ihn empfand[29]. Was Felice betrifft, so war der Briefwechsel mit ihr zu diesem Zeitpunkt unterbrochen, wodurch in Kafka Verlustängste ausgelöst wurden. Das endlose Briefeschreiben war für ihn schon zu einer Art ‚Ersatzhandlung' geworden, mit der er wirkliche Begegnungen hinauszögerte, wohl um sich die Erfahrung einer mangelnden Eignung als möglicher Ehemann zu ersparen. Könnte das ständige Ausweichen des Briefpartners Kafka nicht im Zurückweichen Gregor Samsas – bei gleichzeitiger Sehnsucht nach Ansprache, Blickkontakt und Kommunikation – eine erzählerische Parallele haben? Alle diese Befunde zusammengenommen, kann man Gregors widersprüchliches Verhalten Grete gegenüber tatsächlich im Sinne Binders aus einer ‚Überschneidung' der Erfahrungen mit Ottla und Felice erklären.

Schließlich noch ein Hinweis zu dem rätselhaften Bild der Dame: Kafka bittet immer wieder um Bilder der Verlobten. Die Dame im Pelz wäre somit eine verschlüsselte Anspielung auf die Geliebte? Übertragen auf die Geschichte, könnte man so tatsächlich eifersüchtige Regungen Gretes annehmen; es bleibt aber offen, warum Kafka von einem Illustriertenfoto spricht.

Der Handlungsreisende

Gregor Samsa ist, wie die meisten ‚Helden' der Romane und Erzählungen Kafkas, ein berufstätiger Junggeselle. Berufstätigkeit kann als Voraussetzung für ein selbstbestimmtes Leben, weiterhin für die Gründung einer Familie angesehen werden. Gregor erreicht das erste dieser beiden Ziele nicht, vom zweiten ganz zu schweigen. Seine Arbeit als Handlungsreisender verstärkt sogar die familiären Zwänge, die ohnehin durch seine Existenz als Junggeselle und das Leben in der elterlichen Wohnung auf ihm lasten. Schuld daran sind in erster Linie die finanziellen Verpflichtungen des Vaters gegenüber dem Chef.

Gregors Unmut und seine rebellischen Gedanken, die im ersten Kapitel zum Ausdruck kommen, richten sich jedoch nicht gegen die Familie, sondern einzig und allein gegen seinen Arbeitgeber. Bedenkt man das Auftreten und die Drohungen des Prokuristen, so scheint Gregor in der Hierarchie der Firma auf den unteren Rängen zu rangieren und zu jener ‚Manövriermasse' von Mitarbeitern zu gehören, deren „Stellung [...] durchaus nicht die festeste" ist (S. 33) Wir erfahren, dass Gregor eine „Musterkollektion von Tuchwaren" (S. 23) mit sich führt, also in der Textilbranche tätig ist. Seine berufliche Stellung lässt sich soziologisch einordnen. Legt man ein einfaches Beschreibungsmodell zugrunde, so funktioniert die Wirtschaft einer modernen Gesellschaft nur dann, wenn drei Teilsysteme entwickelt sind und ineinandergreifen: **Produktion** (Herstellung), **Distribution** (Verteilung) und **Konsumtion** (Verbrauch) von Gütern. Als Handlungsreisender gehört Gregor zum distributiven Bereich; in seinem Musterkoffer verwahrt er seine Kollektion, für die er erfolgreich zu werben hat, damit die Firma durch seine Abschlüsse Gewinn erzielt. Eine solche Tätigkeit ist nun durchaus nichts Modernes – schon Kafkas Vater war vor seiner Geschäftsgründung als Wanderhändler unterwegs. Die Erzählung gibt allerdings keine genauen Hinweise darauf, in welcher Zeit sie spielt; aufgrund mancher Details – man denke an die Straßenbahn am Ende der Geschichte – kann man sie zu Kafkas Lebzeiten ansiedeln. Mit dem Anfang des 20. Jahrhunderts haben wir auch in ökonomischer Hinsicht eine Epoche mit weit reichenden Entwicklungen vor uns: Ein expandierender und zugleich krisenanfälliger Kapitalismus entwickelt moderne Werbetechniken, deren Verführungseffekte die Möglichkeiten des Handlungsreisenden – wie auch des heutigen Vertreters – leicht in den Schatten stellen. Diese in Amerika einsetzende und nach Europa – in den ‚Goldenen Zwanzigern' – übergreifende Entwicklung steckt zu Kafkas Zeit – und besonders in den osteuropäischen Nachfolgestaaten der alten Habsburger Monarchie – noch in den Anfängen; doch auf ihrem Hintergrund nimmt sich Gregors Beruf eher als traditionelle denn als in die Zukunft weisende Tätigkeit aus.

Andererseits ist Gregor seinem Beschäftigungsverhältnis nach ein Angestellter und gehört damit zu jener neuen Zwischenschicht, die sich – vor allem durch die enorme Ausweitung des Dienstleistungssektors – zu Beginn des Jahrhunderts sprunghaft entwickelt. In der sozialen Pyramide sehen sich die Angestellten zwischen Selbstständigen und Arbeitern eingestuft; mit den letzteren teilen sie die abhängige Stellung, führen jedoch Tätigkeiten mit höherem Sozialprestige und in der Regel besserer Bezahlung aus, was zu einer ängstlichen Abgrenzung ‚nach unten' führt, zumal bei Entlassung der Abstieg droht; dem entspricht, etwa im Bereich des Lebensstils, eine Orientierung ‚nach oben', die jedoch ihre Grenze in einem deutlichen sozialen Abstand zu Unternehmern und anderen Führungsschichten hat, was einem tatsächlichen Aufstieg entgegensteht. Charakteristisch für die **Mentalität** der Angestellten ist – im Unterschied zur Arbeiterschaft – ein Mangel an Solidarität und politischem Bewusstsein bei gleichzeitig ausgeprägtem Einzelkämpfertum; außerdem – und in engem Zusammenhang damit – die Bemühung, auch unter schwierigen Bedingungen den sozialen Schein zu wahren[30]. Dies lässt sich unmittelbar auf Gregor und seine Familie übertragen, die in gutbürgerlichen Verhältnissen lebt: Man denke an die große Wohnung, das gediegene Mobiliar und das Dienstpersonal. Gregors größte (!) Sorge nach der Verwandlung besteht in der Frage, wie die Familie ihren Lebensstandard halten kann. Vater, Mutter und Schwester nehmen zu diesem Zweck wenig attraktive Beschäftigungen an und lassen sich von den Zimmerherren zu Hausangestellten degradieren; diesen wird ansonsten ein intaktes Familienleben ‚vorgespielt' – nicht zuletzt mithilfe der Schwester. Die nach Gregors Tod geäußerte Absicht, eine kleinere Wohnung nehmen zu wollen, zeugt nicht von neuer Bescheidenheit, sondern entspringt dem Wunsch, den Verwandelten und alles, was mit ihm zusammenhängt, möglichst rasch zu vergessen. Auch wird mit dem Wunsch, die Tochter gut zu verheiraten, eine für die ganze Familie günstige Perspektive eröffnet. Diesen Plänen wird das Violinespiel der Schwester, das man als Versuch der Selbstverwirklichung begreifen und damit im Kontrast zu Gregors fremdbestimmter Arbeit sehen kann, geopfert.

Ein Blick auf die **Biografie** des Autors erscheint auch hier gerechtfertigt, denn allein schon die Ähnlichkeit der Namen – Kafka und Samsa – ist gewiss kein Zufall. Wie Gregor ist Kafka im Angestelltenverhältnis tätig, doch kann in seinem Fall von einer wirklichen Karriere – vom Aushilfsbeamten zum Vize-Sekretär der Versicherungsanstalt – gesprochen werden[31]. Dass er seine Arbeit trotzdem als Last empfand und eine Pensionierung anstrebte (vgl. *Interpretationshilfe* S. 5) hat einerseits mit seinem gesundheitlichen Zustand, andererseits mit der schriftstellerischen Arbeit zu tun, die auf die Abende und Nächte verlagert werden musste und um so mehr an seinen Kräften zehrte. Gregor Samsas Freizeitaktivitäten dagegen beschränken sich auf Laubsägearbeiten, Zeitungslektüre und – bezeichnenderweise – das Studium von Fahrplänen (S. 31/32). Unter dem Einfluss seines anstrengenden Berufs scheinen mögliche künstlerische Fähigkeiten (vgl. *Interpretationshilfe* S. 31) verkümmert zu sein, jedenfalls werden diesbezügliche Wünsche auf die Schwester übertragen. So kann es bei ihm zu keinem Konflikt zwischen künstlerischen Neigungen und beruflichen Pflichten kommen.

Zur Zeit der Entstehung der *Verwandlung* befand sich Hermann Kafkas Geschäft in einer Krise, sodass sich auch hier eine Verbindung zwischen Biografie und Erzählung zeigt. Zwar kam es nicht zu einem geschäftlichen Zusammenbruch; Kafkas Vater muss allerdings bewusst gewesen sein, dass er als Inhaber eines – auf Luxusgüter spezialisierten – Galanteriewarengeschäfts durch die Abhängigkeit von der Kaufkraft der Kundschaft konjunkturellen Schwankungen in besonderem Maße ausgesetzt war. So erklärt sich auch die Bedeutung, die er – aber auch Mutter und Schwester – der Asbestfabrik zumaßen, für die sich Franz ihrer Meinung nach nicht genügend interessierte (vgl. *Interpretationshilfe* S. 66). Die Fabrik scheint größere wirtschaftliche Sicherheit als das Geschäft zu versprechen. Darüber hinaus spielt hier gewiss das Bedürfnis vieler assimilierter Juden mit, im Produktionssektor Fuß zu fassen, der Juden seit den mittelalterlichen Zunftordnungen versperrt war, wodurch sie sich auf Handel und Finanzgeschäfte verwiesen sahen.

2.3 Der Aufbau der Erzählung

Die Gliederung der Erzählung in drei Teile – zusammen mit Kafkas Vorliebe für szenisches Erzählen und dem oft ‚theatralischen' Verhalten seiner Figuren (Vgl. Kap. Erzählweise und Sprache) – legt zunächst einen Vergleich mit dem dreiaktigen Drama nahe, das neben dem in der deutschen Klassik üblichen Fünfakter die zweite traditionelle Dramenform darstellt[32]. Beide Dramenformen haben eine feste Verlaufsstruktur, die – bezogen auf den Dreiakter – von einer **Exposition** (Einführung, 1. Akt) über eine **steigende Handlung** bis zu einem **Höhe- und Wendepunkt** (Peripetie) führt (2. Akt), auf den eine zur Katastrophe hin **fallende Handlung** folgt (3. Akt). Lässt sich ein Vergleich zwischen Drama und Erzählung halten, und wie weit führt er?

Den 1. Teil der Verwandlung kann man nur mit einer entscheidenden Einschränkung als Exposition verstehen: Die wichtigsten Personen werden zwar anhand typischer Verhaltensweisen in Umrissen charakterisiert, desgleichen sind die Weichen für den Fortgang der Handlung bereits gestellt; doch die **eigentliche Katastrophe,** Gregors Verwandlung, ist bereits eingetreten. Eine Peripetie findet sich am Ende des 2. Kapitels (Apfelwurf und Verwundung Gregors) und führt folgerichtig zu seinem Tod im Schlussteil (Katastrophe). Hier ergeben sich aber weitere Einwände: Von einer zur Peripetie hin konsequent steigenden Handlung kann nicht die Rede sein: Die Vorgänge, die zu Gregors Verletzung führen, beruhen zwar auf Missverständnissen und stellen insofern eine tragische Verkettung von Ereignissen dar; doch ergeben sie sich nicht mit Notwendigkeit aus dem Vorhergehenden, sondern brechen zufällig an dieser Stelle der Erzählung über die Beteiligten herein, die doch an einer für alle erträglichen ‚Normalisierung' der Verhältnisse interessiert sind. Auch ist Gregors Tod nicht als Katastrophe gestaltet, sondern als Schlusspunkt eines langsamen Kräfteverfalls; sein Sterben ist ein friedliches Hinüberdämmern im Einverständnis mit seiner Umwelt. Schließlich wird die Erzählung nach seinem Tod fortgesetzt und mündet in eine ‚Familienidylle', die eigenartig aufgesetzt wirkt und sich in eine dramatische Verlaufskurve nicht einordnen lässt.

Wer den Vergleich zwischen Erzählung und Drama aufgibt, kommt zu ganz anderen, ja gegensätzlichen Ergebnissen. Denn bei genauem Hinsehen lässt die Abfolge der drei Kapitel einen regelmäßigen Verlust an dramatischer Spannung erkennen. Der erste Teil enthält noch ein dichtes Nacheinander von Ereignissen, ausgelöst zunächst durch Gregors ungewöhnliches Verhalten, dann durch sein Erscheinen; die **Erzählzeit** (Zeit, die für den Erzählvorgang benötigt wird) entspricht hier etwa der **erzählten Zeit** (Zeit, die in der Erzählung verstreicht), wodurch für den Leser ein Eindruck von Gegenwärtigkeit und Unmittelbarkeit entsteht; die vielfältigen Aktionen – Gregors, der Familie, des Prokuristen – steigern sich bis hin zur Verfolgungsjagd des Vaters. – Im letzten Teil des zweiten Kapitels finden sich Spannungsmomente und dramatische Auftritte in gedrängter Form

(Ausräumen des Zimmers, Gregors Reaktion, Auftritt des Vaters, Verletzung, Schlussszene). Insgesamt herrscht im Mittelteil der Erzählung aber ein ruhiger Erzählfluss vor, der Beobachtungen und Gedanken Gregors sowie zusammenfassende Schilderungen seiner neuen Situation (Essgewohnheiten, Verhalten) beinhaltet; im letzten Fall geht die erzählte Zeit (mehrere Wochen) weit über die Erzählzeit hinaus, da länger andauernde Entwicklungen gerafft dargestellt werden. – Dieser Trend setzt sich im dritten Kapitel verstärkt fort: Dramatische Szenen wie Gregors letzter ‚Ausbruchsversuch' oder die Kündigung der Zimmerherren bleiben vereinzelte – und gewaltfreie – Episoden; in den Vordergrund rücken die Verschlechterung von Gregors Zustand, die Situation in seinem Zimmer und nicht zuletzt das Innenleben des Verwandelten – also undynamische, zur Statik neigende Vorgänge!

Zusammenfassend betrachtet, lässt sich der Verlauf der Erzählung also keinesfalls durch eine Spannungskurve abbilden, im Gegenteil: Bereits mit der Ausgangssituation ergibt sich eine zunächst leicht, im dritten Teil dann stärker abfallende Entwicklungslinie, die nur gelegentlich – und vor allem im ersten Kapitel – durch kleinere und größere ‚Ausschläge' aufgelockert wird. Dieser stetige Spannungsverlust folgt aus einem von Anfang an stark eingeschränkten Spielraum der Handlung. Anders als im Märchen (Vergl. *Die Verwandlung*, Literarische Form) ist eine entscheidende Veränderung der Situation – durch eine ‚Rückverwandlung' etwa – nicht zu erwarten; mit seiner Verwandlung ist Gregor bereits ein Todeskandidat. – Zum Verlust an äußerer Spannung trägt auch bei, dass weder die Familie auf eine Konfrontation aus ist noch Gregor selbst, dessen Schuldkomplexe ihn zu offener Aggression ebenso unfähig machen wie sein geschwächter körperlicher Zustand. In der Rolle des stillen Beobachters und passiv Leidenden ist er ein Anti-Held; seine gelegentlichen Widerstandsversuche bleiben – anders als bei tragischen Helden – ein hilfloses Aufbegehren und ohne Einfluss auf seine erbärmliche Lage.

Der Aufbau der Erzählung lässt sich anhand einiger weiterer Gestaltungsmerkmale noch präzisieren:

- In Bezug auf Gregor hat jedes der drei Kapitel einen thematischen Schwerpunkt: Im ersten geht es vor allem um seine berufliche, im zweiten um seine familiäre, im dritten um seine psychische Situation.
- Die drei Kapitel spiegeln überdies eine Verschiebung innerhalb der familiären Machtverhältnisse wider: Im ersten Teil ist der Vater dominant, im dritten rückt die Schwester in den Mittelpunkt der Familie. Der Mittelteil stellt die Voraussetzungen für diese Verschiebung her: Herr Samsa scheint in der Schlussszene seine Kräfte zu verausgaben, bei Grete kommt es dagegen durch ihre Mittlerfunktion zu einem Reifungsprozess.
- In den beiden Außenkapiteln dringen weitere Personen in den familiären Kreis ein – im **ersten** Teil der Prokurist als **eine** Person, im **dritten** die **drei** Zimmerherren; das mittlere Kapitel beschränkt sich ganz auf die Familie.
- Das erste und das zweite Kapitel enden mit Verfolgungsjagden des Vaters, der Gregor in sein Zimmer zurücktreibt, wobei die zweite eine Steigerung der ersten darstellt; parallel dazu gibt Gregor im dritten Kapitel erneut Anlass zu einer solchen Aktion, zu der Herr Samsa aber offensichtlich nicht mehr fähig ist.
- Anfang und Ende der Erzählung verweisen in zweierlei Hinsicht aufeinander: Nach dem Aufwachen nimmt Gregor seinen Insektenkörper wahr, während Grete in der Schlussszene ihren „jungen Körper dehnt(e)“; zuvor schreiben die Familienmitglieder Entschuldigungsbriefe an ihre Arbeitgeber, wohingegen der verwandelte Gregor einen solchen Schritt nicht zu unternehmen wagte.
- Die Zahl 3 spielt in der Erzählung eine so entscheidende Rolle, dass man von einem Leitmotiv sprechen kann, denn ein solches erfüllt die Funktion eines Systems von Verweisen, das sich gleich einem Netz über die Erzählung legt und die Strukturierung des Textes verstärkt: Es gibt **drei** Kapitel, (ohne

Gregor noch) **drei** Familienmitglieder mit **drei** Anstellungen, **drei** ‚Verwandlungen' (Gregor, Vater, Schwester), **drei** Zimmerherren und **drei** Hausangestellte im Verlauf der Erzählung.

2.4 Erzählweise und Sprache

Trotz der denkbar unrealistischen Ausgangssituation der Erzählung gewinnt der aufmerksame Leser sehr schnell den Eindruck, dass er sich bei seiner Lektüre inmitten des Geschehens befindet. Auch im weiteren Verlauf der Handlung mag ihn vieles irritieren und befremden, doch kann er eine distanzierte und unbeteiligte Haltung zu den Vorgängen und insbesondere zu Gregors Schicksal bis zu dessen Tod nicht aufbauen. Das liegt an der von Kafka gewählten Erzählweise, aber auch an der sprachlichen Gestaltung des Textes. Nehmen wir als Beispiel den ersten Absatz der Geschichte:

> „Als Gregor Samsa eines Morgens aus unruhigen Träumen erwachte, fand er sich in seinem Bett zu einem ungeheuren Ungeziefer verwandelt. Er lag auf seinem panzerartig harten Rücken und sah, wenn er den Kopf ein wenig hob, seinen gewölbten, braunen, von bogenförmigen Versteifungen geteilten Bauch, auf dessen Höhe sich die Bettdecke, zum gänzlichen Niedergleiten bereit, kaum noch erhalten konnte. Seine vielen, im Vergleich zu seinem sonstigen Körper kläglich dünnen Beine flimmerten ihm hilflos vor den Augen" (S. 23).

Der erste Satz erscheint als objektiver Erzählerbericht, der den Leser über die Situation der Hauptfigur in aller Kürze informiert; der nachgestellte Hauptsatz leitet jedoch schon eine Annäherung an die Perspektive Gregor Samsas ein („fand er sich"), die der Erzähler im Folgenden übernimmt. Die Beschreibung des Insektenkörpers geschieht nicht mehr ‚von außen', sondern ganz aus der Sicht des Betroffenen (er „sah, wenn er den Kopf ein wenig hob"; seine Beine „flimmerten ihm hilflos vor den Augen"). Es handelt sich hier um eine **personale Erzählhaltung,** die von zwei anderen Erzählweisen – der **Ich-Erzählung** und dem **auktorialen Erzählen** – abgegrenzt werden kann. Von einer Ich-Erzählung erwarten wir nichts anderes als die Darstellung der Ereignisse aus der subjektiven Perspektive einer Person, die Teil der dargestellten Wirklichkeit ist und deren Gedanken sowie Gefühle uns direkt vermittelt werden; das Erzählte wird als tatsächlich erlebt ausgegeben. Auktoriales (oder ‚olympisches') Erzählen ist dagegen an eine objektive Erzählerinstanz gebunden, die über den Personen und Begebenheiten steht, über alles – auch das Innenleben der Figuren – bestens informiert ist, sich nach Belieben in Raum und Zeit der Erzählung bewegt, Perspektiven wechseln und – ergänzende, ironische oder sonstige – Kommentare abgeben kann. Zwischen diesen beiden Erzählhaltungen kann man den personalen Erzähler ansiedeln: mit dem auktorialen teilt er die Er-Form und damit die größere Objektivität, mit dem Ich-Erzähler die Möglichkeit zu einer subjektiven Darstellung des Geschehens aus der Sicht einer oder mehrerer Figuren. In deren Horizont bewegt sich der personale Erzähler, er kann also nicht besser informiert sein als jene[33].

Die Erzählhaltung in der ‚Verwandlung' ist bis zu Gregors Tod – wie sich noch zeigen wird – eindeutig die **personale;** sie ist darüber hinaus eine besonders konsequente Ausprägung dieser Darstellungsform, die Friedrich Beißner, als **einsinniges Erzählen** bezeichnet hat[34], insofern eine einzige Perspektive, nämlich die Gregors, im Vordergrund steht und damit auf den Leser übergreift. So erklärt es sich auch, dass der Verlust an äußerer Dramatik und Spannung im Verlauf der Geschichte (vgl. *Interpretationshilfe* S. 72) ausgeglichen wird durch die Nähe des Lesers zur Hauptfigur, deren von Anfang an bedrohliche Situation eine starke ‚Innenspannung' erzeugt.

Die Einstellung des Lesers wird aber auch durch die Art der sprachlichen Darstellung beeinflusst, wenn nicht gar gesteuert. Am ersten Absatz der Geschichte fällt auf, dass über die schreckliche Tatsache der Verwandlung in nüchterner und überaus präziser Sprache berichtet wird: Die Eigenschaften des Insektenkörpers werden mit geradezu zoologischer Exaktheit beschrieben („panzerartig", „gewölbt(en)", „bogenförmig(en)"); überhaupt sorgt die Häufung von Adjektiven und Adverben für einen um besondere Genauigkeit bemühten komplexen Stil, zu dem der hypotaktische Satzbau mit seinen nicht leicht überschaubaren Haupt-/Nebensatzgefügen und Einschüben (vgl. z. B. den Satz „Er lag [...] konnte") passt. Gregors subjektives Empfinden kommt zwar zum Ausdruck („Unruhige(n) Träume", „ungeheures Ungeziefer", „kläglich dünne(n) Beine"), doch eher beiläufig im Zuge der Beschreibung; es steht nicht – wie zu erwarten wäre – im Mittelpunkt: Statt dessen wird selbst die Stellung der „Bettdecke" mit einem langen Nebensatz einschließlich Einschub bedacht. Dieser Widerspruch zwischen (ungeheuerlichem) Inhalt und (nüchterner, präziser, oft detailversessener) Sprache ist für die gesamte Erzählung – und für Kafkas Werk überhaupt – charakteristisch; er ist ein zentrales Merkmal des ‚kafkaesken' Stils! Der Detailreichtum und die Korrektheit einer Sprache, in der selbst die bedrohlichen Auftritte des Vaters und Gregors langsames Sterben formuliert werden, verwehrt dem Leser eine schnelle Abfuhr von Emotionen (Mitleid, Erbitterung), die ein emotional ausdrucksstarker (expressiver) Stil gestatten würde; denn gerade darum, weil das Phantastische die Normalität der exakt arbeitenden Sprache in keiner Weise stört und damit als das ‚Übliche' hingenommen werden muss, bleibt ‚zwischen den Zeilen' eine ungeheure Spannung erhalten, die den Leser in ihren Bann zieht; mit anderen Worten: Die selbstverständliche Einbettung des Ungeheuerlichen ins Alltägliche lässt jene Distanz nicht zu, die er klassischen Horrorgeschichten gegenüber leichter wahren kann.

Um es noch einmal zusammenzufassen: Kafkas einsinnig-personales Erzählen konzentriert das Geschehen der Erzählung zum großen Teil – d. h. bis zu seinem Tod – auf Gregors Perspektive. Die subjektiv gefärbte Darstellung der Ereignisse kommt in einigen Passagen, die wir bereits besprochen haben, besonders deutlich zur Geltung: Man denke nur an das Schreckbild des Vaters in den Verfolgungsszenen am Ende des ersten und zweiten Teils; aber auch die Stellen, an denen Gregor die Familie beobachtet, sind hier zu nennen; bezeichnend ist auch, dass das zweite Kapitel durch seine Ohnmacht, die jede weitere Wahrnehmung unmöglich macht, abgeschlossen wird. In allen diesen Fällen ist der Leser auf Gregor als vermittelndes ‚Medium' angewiesen. – Neben der perspektivischen Erzählweise sind zwei weitere erzähltechnische Mittel zu nennen, die beide Einblick in sein Innenleben gewähren: der **innere Monolog** und die **erlebte Rede.** Ein innerer Monolog findet sich gleich im ersten Teil, als Gregor über seinen „anstrengenden Beruf" nachsinnt:

> „… Die geschäftlichen Aufregungen sind viel größer, als im eigentlichen Geschäft zu Hause und außerdem ist mir noch diese Plage des Reisens auferlegt, die Sorgen um die Zuganschlüsse, das unregelmäßige, schlechte Essen, ein immer wechselnder, nie herzlich werdender menschlicher Verkehr. Der Teufel soll das alles holen!" (S. 24/25)

Gedanken, die ihm durch den Kopf gehen, werden hier im Unterschied zur indirekten Rede direkt, d. h. ohne dass der Erzähler sich einschaltet, wiedergegeben: allerdings unterscheiden sie sich in sprachlicher Hinsicht nicht wesentlich vom üblichen Erzählerbericht: Die Syntax erscheint etwas einfacher und weniger streng konstruiert, unvollständige Sätze (Ellipsen) können vorkommen, gelegentlich auch direkte Gefühlsausbrüche, wie der Fluch im obigen Beispiel zeigt. – Einige Seiten weiter, nach dem Eintreffen des Prokuristen, verwendet Kafka die erlebte Rede, um Gregors inneren Aufruhr dazustellen.

> „… Warum war nur Gregor dazu verurteilt, bei einer Firma zu dienen, wo man bei der kleinsten Versäumnis gleich den größten Verdacht fasste? Waren denn alle Angestellten samt und sonders Lumpen, gab es denn unter ihnen keinen treuen ergebenen Menschen …" (S. 30).

Grammatisch ist die erlebte Rede also nicht vom Erzählerbericht zu unterscheiden, im Vergleich zu diesem werden aber innere statt äußerer Vorgänge erzählt. Gemessen an der direkten Wiedergabe von Gedanken und Gefühlen im inneren Monolog und der umständlicheren indirekten Rede im Konjunktiv (z. B.: G. fragte sich, ob die Angestellten denn alle Lumpen seien …) hält sie eine Mittelstellung. Allerdings lässt sie sich nicht immer klar zuordnen; auch Gregors Gefühle und Phantasien beim Violinespiel der Schwester werden in erlebter Rede dargestellt, wenn es z. B. heißt: „War er ein Tier, da ihn Musik so ergriff?" Oder kurz darauf: „… seine Schreckgestalt sollt ihm zum ersten Mal nützlich werden …" (S. 76/77). In beiden Fällen bleibt offen, ob es sich um Gedanken Gregors handelt oder vielmehr der Erzähler – in Form eines Kommentars und einer Vorausdeutung – sich hier zu Wort meldet. Wie schon angedeutet, gehört ein solches Changieren zwischen objektivem und subjektivem Blickpunkt, Erzähler- und Figurenperspektive, zu den Eigenarten personalen Erzählens.

Was das Innenleben der anderen Figuren – ihren psychischen Zustand, ihre Motive, Absichten usw. – betrifft, sind wir auf das in direkter Rede Geäußerte angewiesen. Doch ein ganz besonderes Merkmal der Erzählweise Kafkas stellt noch weitere ‚Indizien' zur Verfügung; gemeint ist die auffällige Charakterisierung der Figuren durch Gestik, Mimik und Bewegungen im Raum. Bei der Beschreibung der Haupt- und Nebenfiguren sind wir immer wieder auf entsprechende Beispiele gestoßen, die zeigen, dass solche gestisch-mimischen Elemente innere Zustände und typische Einstelllungen abbilden: Nachdem Gregor im ersten Kapitel die Tür geöffnet hat, weicht der Prokurist ängstlich zurück, die Mutter fällt inmitten ihrer Röcke in Ohnmacht, während der Vater eine Drohgebärde vollführt und schließlich in einen Weinkrampf ausbricht. Handelt es sich um Bewegungen im Raum, so gewinnt dieser symbolische Bedeutung. Auf die unruhige Lage von Gregors Zimmer sind wir im Zusammenhang mit seiner familiären Situation und persönlichen Entwicklung schon eingegangen, ebenso auf das Ausräumen dieses Zimmers und die Aussagekraft des Mobiliars sowie sonstiger Gegenstände (Bild der Dame). Auch die Verfolgungsszenen, die Flucht des Prokuristen oder das Verschwinden der Zimmerherren lassen die räumlichen Verhältnisse – die Topographie der Wohnung – plastisch hervortreten. Besonders zu erwähnen sind hier die Türen und Fenster, die von Anfang an mit symbolischer Bedeutung aufgeladen sind: Sie können – je nach Situation – für Isolation und Einsperrung stehen, ermöglichen aber auch die Kontaktaufnahme mit der näheren oder ferneren Umwelt; es ist z. B. nur folgerichtig, wenn Gregors Tod die Abriegelung seines inzwischen zur Rumpelkammer verkommenen Zimmers vorausgeht.

Alle diese **gestischen und räumlichen Elemente der Darstellung,** häufig ergänzt durch **direkte Figurenrede,** fasst man unter dem Begriff des **szenischen Erzählens** zusammen. Die Bezeichnung ‚szenisch' ist dem Theater entlehnt und entspricht genau dem Sachverhalt, dass sich viele Episoden der *Verwandlung* wie dramatische Szenen lesen lassen, die bekanntlich Bühnenanweisungen (Raumgestaltung) und Vorgaben für das Agieren der Schauspieler (Gestik, Mimik, Bewegungen) enthalten. Der personale Erzähler, der als vermittelnde Instanz grundsätzlich zurückhaltend, der Perspektive der Hauptfigur nahe oder mit ihr deckungsgleich ist, tritt hier ganz in den Hintergrund. Er passt sich dem zumeist passiv beobachtenden Gregor an und rückt ganz an den Rand des Geschehens – so wie der Theaterbesucher im dunklen Zuschauerraum.

Da die personale Erzählposition mit Gregors Tod wegfällt, musste Kafka für den Schluss der Geschichte eine andere Lösung finden. Hier bietet sich das szenische Erzählen als Ausweg an, das aber nun an eine neutrale Erzählerinstanz gebunden ist. Dieser Erzähler gibt sich allerdings nicht auktorial bzw. allwissend, sondern beschränkt sich auf eine plastische Wiedergabe der Vorgänge, die sich nach Gregors Tod noch abspielen: die wörtliche Rede der Figuren tritt hier auffällig in den Vordergrund. Nur im letzten Absatz nimmt der Erzähler leicht auktoriale Züge an: Er hat Einblick in das Innenleben der Figuren, fasst ihre Wünsche und Hoffnungen zusammen und lässt die Erzählung mit einem Kommentar ausklingen: „und es war ihnen wie eine Bestätigung ihrer neuen Träume und guten Absichten, als am Ziele ihrer Fahrt die Tochter als Erste sich erhob und ihren jungen Körper dehnte." (S. 88). Dieser abgerundete Schluss steht in einem denkbar scharfen Kontrast zum abrupten Anfang der Erzählung, entspricht aber in seiner trivialen Beschaulichkeit sehr genau der falschen Familienidylle, die er beschreibt.

2.5 Literarische Form

Im Laufe der Interpretation haben wir die *Verwandlung* als **Erzählung,** als **Novelle** oder – umgangssprachlich – einfach als **Geschichte** bezeichnet. Um eine Erzählung handelt es sich in jedem Fall, wenn man darunter eine Prosaarbeit bzw. einen epischen Text versteht, die vom Umfang her deutlich über eine Kurzgeschichte hinausgehen, andererseits aber die breite epische Darstellung des Romans nicht erreichen. Nach Gero von Wilpert ist eine Novelle in der Regel eine

> „Prosaerzählung einer neuen unerhörten, im Gegensatz zum **Märchen** aber tatsächlichen oder möglichen Einzelbegebenheit mit einem einzigen Konflikt in gedrängter, geradlinig auf ein Ziel hinführender und in sich geschlossener Form und nahezu objektivem Berichtsstil ohne Einmischung des Erzählers, epische Breite und Charakterausmalung des Romans. [...] Die Verwandtschaft zum **Drama** ist größer als die zum **Roman.** [...] Beide Formen [gemeint sind Novelle und Drama] verlangen geraffte Exposition, konzentriert herausgearbeitete Peripetie und ein Abklingen, das die Zukunft der Personen mehr andeutungsvoll andeuten als gestalten kann."

Goethe definiert die Novelle (1827) als „eine sich ereignete unerhörte Begebenheit".[35] Einige der hier genannten Gattungsmerkmale treffen auf Kafkas Text sicher zu: die ‚unerhörte Begebenheit' im Mittelpunkt des Geschehens, die Konzentration auf einen zentralen Konflikt (zwischen Gregor und seiner Umwelt), die geradlinige, geschlossene und zielorientierte Form der Darstellung (Gregors Verwandlung, Verletzung und sein Tod), die weitgehende Zurückhaltung des Erzählers sowie der Verzicht auf die „epische Breite" des Romans; von einem ‚objektiven Berichtstil' kann man nur insofern sprechen, als die personale Erzählerinstanz sich zumeist einer präzisen und nüchternden Sprache bedient und sich häufig auf eine passive Beobachterposition zurückzieht (vgl. *Interpretationshilfe* S. 79). Der Vergleich mit dem Aufbau des Dramas dagegen wird, wie wir festgestellt haben, der *Verwandlung* nicht gerecht (vgl. *Interpretationshilfe* S. 70 ff.), auch wenn die Erzählweise häufig auf theatralische Elemente zurückgreift (vgl. *Interpretationshilfe* S. 79).

Im Zentrum der Definition steht aber zweifelsohne die ‚sich ereignete unerhörte Begebenheit', die auch dem Gattungsnamen zugrundeliegt: ‚Novella', abgeleitet vom lateinischen ‚novus' (neu), bedeutet im Italienischen ‚Neuigkeit' und ist seit der Renaissance, in der die Gattung aufkommt, ein literarischer Begriff[36]. Goethe hat nicht nur die wohl bedeutendste Definition der Gattung formuliert, sondern mit seiner ‚Novelle' – Titel und Gattung sind hier identisch! – im Bereich der deutschen Literatur **das** Musterexemplar geschaffen[37]. Die ‚unerhörte Begebenheit' besteht hier in der Zähmung eines Löwen, der einer Schaustellerfamilie entlaufen ist, durch ein Kind, dessen Flötespiel die Natur des Raubtiers besänftigt. Dieses Ereignis findet sich ganz am Schluss des Textes und ist als Höhepunkt gestaltet, auf den hin alle Umstände und Entwicklungen der Handlung im Rahmen einer sorgfältigen Komposition ausgerichtet sind. Dieser streng ‚architektonische' Aufbau des Textes ließe sich sicher gewinnbringend mit der Struktur eines klassischen Dramas vergleichen. Eine solche Kunstfertigkeit der formalen Gestaltung wird aber auch im Hinblick auf die Geschichte der Gattung zu einem zentralen Merkmal von Novellen.

Dass es sich bei Kafkas *Verwandlung* nicht um ein kunstloses Gebilde, sondern um einen in mehrfacher Hinsicht strukturierten Text handelt, konnten wir ermitteln (vgl. *Interpretationshilfe* S. 73 f.). Doch hält sich der Autor nicht an das überlieferte Gattungsschema, sondern geht ganz anders vor. Aufschlussreich ist in diesem Zusammenhang ein Tagebucheintrag, demzufolge eine Novelle

> „ihre fertige Organisation in sich trägt, auch wenn sie sich noch nicht ganz entfaltet hat; darum ist die Verzweiflung in dieser Hinsicht vor dem Anfang einer Novelle unberechtigt; ebenso müssten Eltern vor dem Säugling verzweifeln, denn dieses elende und besonders lächerliche Wesen hatten sie nicht auf die Welt bringen wollen."[38]

Der ungewöhnliche Vergleich zeigt, worauf es Kafka ankommt: jedenfalls nicht auf die „Organisation" als solche, also die Konstruktion einer Handlung nach den Gesetzen der Gattung, sondern auf die urspüngliche Idee, die ‚Keimzelle', aus der sich dann alles ‚wie von selbst' ergeben wird. Die Entstehungsgeschichte der *Verwandlung* bestätigt diese Auffassung: Der Ungeziefer-Vergleich, umgesetzt in eine literarische Figur, bildet jene ‚Keimzelle' der Erzählung, die in drei Schüben – entsprechend den drei Kapiteln – zu Papier gebracht wird. Nicht formale Rücksichten bestimmen also den Aufbau der Erzählung, sondern Kafkas ganz persönlicher Schaffensprozess spiegelt sich in ihm; der abfallenden Handlungslinie und dem Verlust an äußerer Spannung (vgl. *Interpretationshilfe* S. 71 f.), entspricht eine zunehmende Anstrengung beim Schreiben.

Zu den formalen Abweichungen von der herkömmlichen Novellendefinition kommt eine inhaltliche hinzu. Wie aus der lexikalischen Beschreibung (s. o.) hervorgeht, handelt es sich bei der ‚unerhörten Begebenheit' „im Gegensatz zum **Märchen**" um eine „tatsächliche(n) oder mögliche(n)". In Goethes ‚Novelle' ist die Zähmung eines Löwen durch das Flötespiel eines Kindes ein zwar sehr ungewöhnlicher, aber doch denkbarer Vorgang, der zumindest den Gesetzen der Logik nicht widerspricht. Mit diesen lässt sich aber die Verwandlung eines Menschen in ein Ungeziefer ganz und gar nicht vereinbaren. Dass die *Verwandlung* aber auch kein Märchen ist und allenfalls der erste Absatz noch märchenhafte Züge aufweist, liegt auf der Hand: Die Geschichte spielt in einem durchweg realistisch gestalteten kleinbürgerlichen Familienmilieu, das phantastische Vorgänge und Entwicklungen grundsätzlich ausschließt. Benno von Wiese führt daher den Begriff des **Grotesken** ein:

„... Eben dieses direkte, unvermittelte, aber konfliktlose Nebeneinander zweier unvereinbarer Sphären macht die Verwandlung Gregors zu einem **grotesken** Vorgang. Nichts hat sich im Ablauf des sonstigen Geschehens geändert; da ist nur dieses Eine, unverständlich Grauenhafte, das sich jeder Sinngebung entzieht. [...] Wenn die groteske Welt uns als unsere eigene und doch als verfremdete entgegentritt, die aus den ‚Fugen und Formen' geraten ist und daher ein beklemmendes Grauen in uns auslöst, so dürfen wir [...] diese Erzählung dafür in Anspruch nehmen."[39]

Ob man nach diesen Überlegungen Kafkas Erzählung als Novelle einstuft oder die neutrale Bezeichnung ‚Erzählung' vorzieht, hängt davon ab, wie eng oder weit man die Definition der Gattung fasst. Autoren schreiben in der Regel nicht, um bestimmte Gattungsmerkmale zu erfüllen; andererseits braucht eine Gattung immer wieder neue Impulse – auch in Form von Abweichungen und Regelverstößen –, um aktuell zu bleiben. In diesem Sinne verstehen die meisten Interpreten die *Verwandlung* – nicht zuletzt wegen ihrer grotesken ‚unerhörten Begebenheit' – als **moderne Novelle,** weil sie inhaltlich wie formal neue und eigenwillige Akzente setzt.

Das Urteil

1 Inhaltsangabe

Im Unterschied zum abrupten Anfang der *Verwandlung* enthält der erste Absatz der Erzählung eine ruhige und beschauliche Einleitung. Die Hauptfigur, Georg Bendemann, wird als „ein junger Kaufmann“ vorgestellt, der „an einem Sonntagvormittag im schönsten Frühjahr“ in seinem Zimmer am Schreibtisch sitzt, gerade einen Brief abgeschlossen hat und aus dem Fenster schaut (S. 7). Georgs Gedanken, die im Folgenden ausführlich referiert werden, gelten dem Adressaten des Briefs, einem in Petersburg lebenden Jugendfreund. Dessen Lebensumstände sind dadurch bestimmt, dass er Junggeselle ist, in einer geschäftlichen Krise steckt und offenbar an einer Krankheit leidet (S. 7). Seine bedauernswerte Situation macht es Georg schwer, ihm zu schreiben: In der Fremde geht es ihm schlecht, aber zu einer Rückkehr nach Hause will er ihm wegen der damit verbundenen „Beschämung“ den alten Bekannten gegenüber auch nicht raten (S. 8). Außerdem könnte es sein, dass der Freund sich in der Heimat nicht mehr richtig auskennt, da er aufgrund der „Unsicherheit der politischen Verhältnisse in Russland“ (S. 8) – gemeint ist die Revolution von 1905 – bereits seit drei Jahren keinen Besuch mehr in Betracht gezogen hat (S. 8). In eben diesem Zeitraum sind entscheidende Veränderungen in Georgs Leben eingetreten: Seine Mutter ist „vor etwa zwei Jahren“ gestorben, der Vater ist infolge dieses Todesfalls „zurückhaltender geworden“ und hat seine vormals führende Stellung im Geschäft eingebüßt; Georg dagegen hat viele Dinge in seinem Leben, aber auch „sein Geschäft mit großer Entschlossenheit angepackt“, das sich seitdem in einem gewaltigen Aufschwung befindet (S. 9). Mit Ausnahme des

Sterbefalls wird der Freund über alle diese Vorgänge nicht informiert, denn Georg hatte dazu „keine Lust". Statt dessen berichtet er ihm über belanglose Vorgänge, mehrmals z. B. über die „Verlobung eines gleichgültigen Menschen mit einem ebenso gleichgültigen Mädchen." (S. 10) Hier klingt nun das Thema an, auf das seine Gedanken eigentlich zusteuern: Seine eigene Verlobung mit „Fräulein Frieda Brandenfeld, einem Mädchen aus wohlhabender Familie" (S. 10). Wie wir weiter erfahren, hat er mit Frieda bereits wegen der Hochzeitsvorbereitungen über den Freund gesprochen; dessen isolierte „Lebensweise" und Georgs Zögern, ihn einzuladen – er würde ihn gewiss „beneiden und sicher unzufrieden" sein – hatten sie irritiert und zu der Bemerkung veranlasst: „Wenn du solche Freunde hast, Georg, hättest du dich überhaupt nicht verloben sollen." (S. 10) Da sie aber alle seine Freunde kennen lernen möchte und sich durch Georgs Verhalten gekränkt fühlt, fasst dieser schließlich doch den Entschluss, über seine Verlobung und bevorstehende Heirat nach Petersburg zu berichten; der gewunden formulierte und mit Höflichkeitsformeln durchsetzte Schluss dieses Briefes wird wörtlich zitiert (S. 11) und beschließt die erste Phase der Erzählung, die – mit Ausnahme des ersten Absatzes – ausschließlich Georgs Gedanken über den Freund, seine eigene Vergangenheit und gegenwärtige Situation referiert.

Eine eigentliche Handlung setzt ein, als Georg – nach einer ‚Denkpause' (S. 11) – seinen Vater aufsucht, mit dem er nach dem Tod der Mutter im gemeinsamen Haushalt zusammenlebt. In dessen Zimmer war er „schon seit Monaten nicht mehr", da er an den Abenden meist mit „Freunden" und in letzter Zeit mit seiner „Verlobten" beschäftigt ist, doch „er verkehrte mit seinem Vater ständig im Geschäft" (S. 12). Beide scheinen ohne wirklichen zwischenmenschlichen Kontakt nebeneinander her zu leben. Das zeigt sich deutlich am Erstaunen Georgs über die Wohnverhältnisse seines Vaters: Das dunkle Zimmer, das geschlossene Fenster, verschiedene „Andenken an die selige Mutter", eine – wie sich später zeigt (S. 19) – uralte Zeitung und

„Reste des Frühstücks“ (S. 12) deuten auf einen Zustand hin, der mit dem des jungen, aufstrebenden Kaufmanns kontrastiert. Im Widerspruch dazu erscheint Georg aber der Vater von Anfang an als eigentümlich bedrohliche Person: beim Gehen in seinem schweren „Schlafrock“ wie ein „Riese“ und „ganz anders“ als im Geschäft, wenn er „breit sitzt und die Arme über der Brust kreuzt“ (S. 12/13); das bewirkt bei ihm einen Verlust an Konzentration, da er „den Bewegungen des alten Mannes ganz verloren folgte.“ (S. 12) Der Dialog zwischen beiden beginnt mit beiläufigen Bemerkungen und findet dann schnell zu seinem Thema: dem Petersburger Freund. Denn das eigentliche Motiv, den Vater mit dem Brief in der Tasche (S. 11) an diesem Morgen aufzusuchen, bestand ja darin, ihn über den Inhalt des Schreibens, zu dem er sich durchgerungen hat, zu informieren. Der Vater nimmt diesen angeblichen Vertrauensbeweis eher gereizt auf und zum Anlass, um „Dinge“ ins Gespräch zu bringen, die mit dem „Tod unseres Mütterchens“ und der eigenen Situation – seinem Kräfteverfall und Autoritätsverlust im Geschäft – in Zusammenhang stehen (S. 13/14). Doch mit seinem ersten längeren Redebeitrag zielt er sogleich auf die „volle Wahrheit“ ab, die er von Georg erfahren will: „Hast du wirklich diesen Freund in Petersburg?“ (S. 14) Auf diese simple Frage folgt keine klare Antwort, sondern ein Ausweichen Georgs – „Lassen wir meine Freunde sein“ – und ein Ablenkungsmanöver. Er zeigt sich besorgt wegen der angeschlagenen Gesundheit“ und der bedrückenden Wohnverhaltnisse des Vaters, verspricht die Konsultation eines Arztes und einen Wechsel ins „Vorderzimmer“; zunächst aber möchte er ihm Ruhe verschaffen, ihn zu Bett bringen (S. 14). Der Vater aber bleibt konzentriert und „ohne Bewegung“, während seine „Pupillen […] übergroß in den Winkeln der Augen“ auf Georg gerichtet sind (S. 15) – des Vaters „Auge“ hatte dieser schon vorher ängstlich gesucht (S. 13). Es folgt die entscheidende Feststellung: „Du hast keinen Freund in Petersburg…“ (S. 15). In verbindlich werbendem Tonfall versucht Georg nun die Erinnerung an den Freund heraufzubeschwören, indem er auf Besuche, ein Gespräch zwischen ihm und dem Vater und eine von dem Freund erzählte Episode aus der russischen Revolution eingeht (S. 15). Währenddessen entkleidet er den Vater, wobei dessen „nicht besonders reine(n) Wäsche" Schuldgefühle in ihm auslöst, weil er sie als Zeichen einer allgemeinen Verwahrlosung ansieht; der Plan, ihn in das Vorzimmer umziehen zu lassen, wird nun plötzlich überboten durch die Absicht, ihn nach der Heirat nicht – wie vorgesehen – in der „alten Wohnung" zurückzulassen, sondern „in seinen künftigen Haushalt mitzunehmen." (S. 16) Als er den Vater ins Bett trägt, überkommt ihn ein „schreckliches Gefühl", als dieser seine „Uhrkette" nicht loslassen will. Die Situation scheint sich jedoch zu normalisieren, als er „gut zugedeckt" endlich im Bett liegt und diesen Zustand zu akzeptieren scheint (S. 16).

Genau in diesem Moment aber leistet der Vater plötzlich und unerwartet entschiedenen Widerstand, indem er ein lautes „Nein!" ausruft, die Decke mit Wucht zurückwirft und „aufrecht im Bett" steht (S. 16). Diesen Bewegungsabläufen, die sein Wiedererstarken signalisieren, entspricht der Redestrom, der sich nun über Georg ergießt. Seine „letzte Kraft" mobilisiert der Vater, um dem Sohn vernichtende Sätze entgegenzuschleudern: Während der Petersburger Freund „ein Sohn nach meinem Herzen" sei, habe Georg ihn betrogen, sich außerdem als Chef aufgespielt, den Vater „untergekriegt" und sich „zum Heiraten" entschlossen!" (S. 16/17) In Georg löst das „Schreckbild seines Vaters" sofort eine Schreckensvision hinsichtlich des Freundes aus, den er „im weiten Russland verloren" und an „der Türe des leeren, ausgeraubten Geschäftes" inmitten von „Trümmern" sieht – eine Vision, die den geschäftlichen Zusammenbruch ganz wörtlich nimmt! (S. 17) Der Vater geht indes über zum nächsten ‚Anklagepunkt': Auf teils komische, teils widerliche Weise imitiert er die angebliche sexuelle Anbiederung Friedas, an die sich Georg „herangemacht" habe, „weil sie die Röcke so gehoben hat, die widerliche Gans" (S. 17); er wiederholt seine Vorwürfe und fügt einen weiteren hinzu, dass nämlich das „Andenken der

Mutter" durch Georgs ‚unzüchtiges Verhalten geschändet worden sei (S. 17). Dieser kann dem wütenden Auftritt des Vaters nichts entgegensetzen. Er steht bewegungslos „in einem Winkel" (S. 17), einer „Ecke" (S. 19) des Zimmers, versucht krampfhaft „alles vollkommen genau zu betrachten" (S. 18), vergisst aber ständig alles, was er sich vorgenommen hat (S. 19) und bestätigt mit seinen unkontrollierten Einwürfen („Komödiant", „Zehntausendmal") nur die Aussagen des Vaters (S. 18/19). Als des Freundes „Vertreter hier am Ort" gibt sich dieser zu erkennen, denn mit jenem steht er „seit Jahren" in brieflichem Kontakt und hat ihn längst über die Verlobung informiert (S. 18/19). Zu einer solchen „Komödie" sah er sich angesichts eines Sohnes gezwungen, der „im Jubel durch die Welt" ging und ihn in seinem „Hinterzimmer", „alt bis in die Knochen", vergessen hatte (S. 18). Georgs Kopf „durchzischt(e)" an dieser Stelle ein Vernichtungswunsch (S. 18), der sich später, als der Vater deutlich hörbar „auf das Bett stürzt(e)" (S. 20), zu erfüllen scheint. Vorher behauptet dieser jedoch verbal seine Stärke, die auf der ‚Verbindung' mit der Mutter, aber vor allem mit dem Freund beruht (S. 18/19). Auf eine Gelegenheit, Georg diese Stärke spüren zu lassen, hat er „seit Jahren" gewartet, ja: Die Aussicht auf einen solchen Auftritt scheint ihn die ganze Zeit über am Leben erhalten zu haben. Zum dritten Mal verkündet er Georgs Schuld – dem Freund, der Mutter und ihm selbst gegenüber –, wirft ihm seine zu späte Reifung vor (S. 19) und erhebt schließlich seine Stimme zum Todesurteil:

> „Jetzt weißt du also, was es noch außer dir gab, bisher wusstest du nur von dir! Ein unschuldiges Kind warst du ja eigentlich, aber noch eigentlicher warst du ein teuflischer Mensch! – Und darum wisse: Ich verurteile dich jetzt zum Tode des Ertrinkens!" (S. 20)

Wie ein Besessener stürzt Georg daraufhin aus dem Haus und „über die Fahrbahn zum Wasser" hin. Im letzten Moment der Selbstvollstreckung des Urteils zeigt sich jedoch ein Zögern, als er sich „mit schwächer werdenden Händen" am Brückengeländer festhält. Im Hinabfallen „... rief er leise: ‚Liebe Eltern, ich habe euch doch immer geliebt ...“ Den Fluss und die Brücke, über die „ein geradezu unendlicher Verkehr“ ging (S. 20), hatte er zu Beginn der Geschichte durch das Fenster beobachtet (S. 7).

2 Textanalyse und Interpretationen

2.1 Personen

Georg

Vergleicht man die Situation und das Verhalten Georg Bendemanns im ersten und letzten Absatz der Erzählung miteinander, so fällt es schwer zu glauben, dass es sich um ein und dieselbe Person handeln soll: Einerseits der gelassen an seinem Schreibtisch sitzende junge und erfolgreiche Kaufmann; andererseits ein ‚kopflos‘ seiner Selbsthinrichtung entgegenstürzender Mensch. Zwischen diesen beiden Szenen kann kein langer Zeitraum liegen, es dürfte sich noch nicht einmal um eine halbe Stunde handeln! Wenn eine rationale Erklärung dafür überhaupt möglich sein sollte, so müsste man davon ausgehen, dass die anfängliche Selbstsicherheit nur Schein und ebenfalls eine Art ‚Komödie‘ ist, so wie sie der Vater Georg gegenüber gespielt hat. Dieser Hypothese wollen wir nachgehen.

Georg befindet sich allem Anschein nach zu Beginn der Geschichte in einer äußerst günstigen Lebenssituation. Warum er seinem Freund, dessen Existenz das genaue Gegenteil zu seiner eigenen darstellt (Junggeselle, geschäftlicher Misserfolg, gesellschaftliche Isolation), darüber nicht berichten will, das ergibt sich zunächst aus rücksichtsvollen Überlegungen. Und dennoch: Eigenartig erscheint, dass ihm nach Abfassung des Briefes alles noch einmal ausführlich durch den Kopf geht, wobei – wie auch im Brief – die Verlobung ganz an das Ende des Gedankenablaufs rückt. Ist gerade diese Mitteilung von besonderer Bedeutung und wird sie nur zögernd, nach Überwindung innerer Widerstände, preisgegeben? Es scheint so, denn an der Einladung des Freundes zur Hochzeit entzündet sich ein Streit zwischen Georg und Frieda, die ihm vorwirft, er hätte sich bei so einem Freund „überhaupt nicht verloben sollen“ (S. 10). „Ja, das ist unser beider Schuld“, antwortet Georg, wobei offen bleibt, **wer** hier gemeint ist (Georg und der Freund? Georg und Frieda?) und von welcher „Schuld“ hier überhaupt die Rede sein kann (S. 10). Nachdem er sich zu einer Einladung durchgerungen hat, rechtfertigt Georg diese Entscheidung vor sich selbst: „So bin ich und so hat er mich hinzunehmen [...] Ich kann nicht aus mir einen Menschen herausschneiden, der vielleicht für die Freundschaft mit ihm geeigneter wäre, als ich es bin.“ (S. 11) Hier zeigen sich trotzige Selbstbehauptung und eine gewisse Verärgerung darüber, entgegen seiner Absicht mit dem Jugendfreund konfrontiert zu werden. Der Schluss seines Briefes lässt diesem dann auch alle Möglichkeiten offen, der Einladung nicht zu folgen:

> „Ich weiß, es hält dich vielerlei von einem Besuche bei uns zurück, wäre aber nicht gerade meine Hochzeit die richtige Gelegenheit, einmal alle Hindernisse über den Haufen zu werfen? Aber wie dies auch sein mag, handle ohne alle Rücksicht und nur nach deiner Wohlmeinung.“ (S. 11)

Insgesamt setzt Georg voraus, dass der Freund in der Fremde ebenso am Erfolg orientiert ist wie er selbst, für ihn scheint die eigene Lebensführung das Maß aller Dinge zu sein. Man fühlt sich an die Anklage des Vaters erinnert: „Jetzt weißt du also, was es noch außer dir gab, bisher wusstest du nur von dir.“ (S. 20) Ist Georg ein egoistischer ‚Aufsteiger‘, der seine Karriere noch nicht richtig verdaut hat? Am Ende der ersten Erzählphase, bevor er zum Vater geht, wirkt Georg eigentümlich gedankenverloren und ‚leer‘, er sitzt „lange, das Gesicht dem Fenster zugekehrt, an seinem Schreibtisch ...“ (S. 11) Hier macht er nicht gerade den Eindruck eines entschlossenen und vom Erfolg verwöhnten Menschen.

Eine weitere Eigentümlichkeit besteht darin, dass er vor Absendung des Briefes um die Zustimmung des Vaters nachsucht. Dass ihm dieser Entschluss zum Verhängnis werden wird, erkennt der aufmerksame Leser von Anfang an. Die Erscheinung des Vaters steigert sich von seiner ‚riesenhaften' Gestalt über die lauernden Augen bis hin zu jenem „Schreckbild", zu dem der Sohn aufschauen muss. Dem entspricht ein zunehmender Orientierungsverlust Georgs: Da dessen Blick krampfhaft auf den alten Bendemann konzentriert ist (S. 13, 15, 17), streikt sein Gedächtnis (S. 18, 19) und seine Bewegungen werden ziellos und fahrig (S. 17), bis er sich schließlich in einer „Ecke" wiederfindet (S. 19). Ganz entsprechend schrumpft seine Beteiligung am Dialog zu kurzen Einwürfen, die sich gegen ihn selbst richten (S. 18, 19). Auf der Inhaltsebene des Streitgesprächs aber wird ihm durch die Anklagen und Enthüllungen des Vaters alles das genommen, worauf seine Existenz gegründet war: Seinen beruflichen Erfolg interpretiert der Vater als Zeichen von Rücksichtslosigkeit und Arroganz (S. 18), die Beziehung zur Verlobten zieht er regelrecht in den Schmutz (S. 17) und will sie ihm „von der Seite weg" fegen (S. 19), und der Petersburger Freund erweist sich als sein enger Vertrauter (S. 19). Nicht nur Georgs Existenz, seine Identität bricht zusammen, sodass er sich dem Urteil nicht entziehen kann.

Mitleid will beim Leser dennoch nicht aufkommen. Um die erbärmlichen Verhältnisse, in denen sein Vater lebt, hat sich Georg „seit Monaten" nicht gekümmert (S. 12); der kurz darauf in die „Ecke" Gedrängte findet den Vater in einer „Ecke" seines dunklen Zimmers vor (S. 12). Zwar wird ihm – aber erst beim Anblick der schmutzigen Wäsche – bewusst, dass er ihn zu lange „vernachlässigt" hat (S. 15), was er nun wieder gutmachen will und durch sein besorgtes Verhalten auszugleichen bemüht ist. Doch kommt dies alles etwas plötzlich und wirkt reichlich angestrengt, wie auch das Zubettbringen doppeldeutig erscheint: Kann dieser Vorgang nicht auch als ein Abschieben, vielleicht sogar als ein symbolisches Begräbnis verstanden werden? Schließlich wünscht ihm Georg kurz darauf mit brutalen Worten den Tod: „... wenn er fiele und zerschmetterte!“ (S. 18) Verbirgt sich also – wie der Vater meint – hinter der Maske des unschuldigen „Kind(es)“ „ein teuflischer Mensch“ (S. 20)?

So viel kann jedenfalls gesagt werden: Georg ist ein zutiefst unsicherer Mensch hinter der Fassade einer scheinbar wohlgeordneten bürgerlichen Existenz. Dieser Zwiespalt bestimmt auch seine Todessekunden: Das Brückengeländer „wie ein Hungriger die Nahrung“ festhaltend, lässt er sich dennoch, die Beteuerung des braven Sohnes auf den Lippen, in den Abgrund fallen (S. 20). Zwei Personen ragen von Anfang an in sein Leben bedrohlich hinein: der Vater, aber auch der Freund. Beide versucht er ganz offensichtlich abzuschieben bzw. von sich fernzuhalten. Indem sie sich gegen ihn verbünden, ist seine Vernichtung bereits besiegelt.

Der Vater

Früher wollte der alte Bendemann „im Geschäft nur seine Ansicht gelten lassen“ und hatte Georg „an einer wirklichen eigenen Tätigkeit gehindert“ (S. 9); zum Zeitpunkt der Erzählung wird er dort nur noch geduldet (S. 12). In seinem Privatleben findet er sich isoliert, ähnlich dem Petersburger Freund in seiner ‚russischen Einsamkeit‘. Zwar wohnt er mit seinem Sohn zusammen, doch die ‚Nähe‘ zwischen ihm und Georg ist eine rein äußerliche. Der Sohn geht „im Jubel durch die Welt“ (S. 18), während der Vater sich auf das schlechteste Zimmer der Wohnung verwiesen sieht, das in seiner Dunkelheit einer Höhle ähnelt, weil es – im Unterschied zu dem Georgs – aufgrund der „hohe(n) Mauer“ keinen freien Ausblick hat (S. 12). Dass er beim Besuch des Sohnes eine „alte Zeitung, mit einem Georg ganz unbekannten Namen“ (S. 19), gelesen hat, spricht für einen vollständigen Kontaktverlust gegenüber seiner Umwelt.

Doch kann man ihm ebenso wenig wie Georg Mitgefühl entgegenbringen, denn auch er scheint eine Fassade aufgebaut zu haben, hinter der allerdings ein bösartiger alter Mann lauert. Die ganze Zeit über hat er nur darauf gewartet, dass der Sohn „mit dieser Frage" – ob er sich dem Freund gegenüber richtig verhält – zu ihm kommt (S. 19). Von Anfang an hat sein Verhalten etwas Hinterhältiges und folgt einer versteckten Dramaturgie. ‚Gespielt' ist seine anfängliche Wortkargheit, als die Sprache auf den Freund kommt (S. 13); dann folgen erste angedeutete Vorwürfe („gewisse unschöne Dinge"), welche sich nach der ‚Peripetie' zu mehrfach wiederholten Anklagen bezüglich eines Verrats an Freund, Vater und Mutter steigern und in das Urteil münden, das sich direkt gegen Georgs ‚unschuldig-teuflischen' Charakter richtet. Sorgfältig geplant ist aber auch sein sonstiges Vorgehen: Er lässt sich ins Bett bringen, spielt wie ein Kind mit der Uhrkette und fragt zweimal nach, ob er auch „gut zugedeckt" sei – bevor dann sein ‚Auftritt' erfolgt (S. 16). Seine Strategie beruht also im Hinblick auf Dialogverhalten und Bewegungsabläufe auf kalkulierten Überraschungseffekten. Dass er damit seine Kräfte überstrapaziert hat, erweist sich am Ende der Geschichte, als er „aufs Bett stürzte" (S. 20).

Die ‚Vernichtungsenergie' des alten Bendemann beruht auf einem lange aufgestauten Hass auf den selbstständig gewordenen Sohn, der ihn weitgehend entmachtet und beiseite geschoben hat. Sie speist sich aber nicht nur aus der beruflichen Zurücksetzung, sondern auch aus dem Sexualneid des alten Witwers, der ja nach dem Tod der Mutter seine Kräfte eingebüßt hatte (S. 9, 14). Anders lässt sich die lächerlich obszöne ‚Imitation' der Verlobten (S. 17) nicht verstehen. Insgesamt wirkt die Figur des Vaters so irreal, weil sie aus ganz unterschiedlichen Eigenschaften zusammengesetzt erscheint: aus Hinfälligkeit und Bedrohlichkeit, kindlichen (Spiel mit der Uhrkette, schmutzige Wäsche), widerwärtigen und unfreiwillig komischen Zügen.

2.2 Thematische Schwerpunkte

Der Konflikt zwischen Vater und Sohn

Im Vergleich zur *Verwandlung* zeigen sich in diesem Punkt sowohl Parallelen als auch Unterschiede:

Wie schon in der *Verwandlung*

- ist der Vater/Sohn-Konflikt als bedingungsloser Machtkampf gestaltet, der verschiedene Entwicklungsphasen durchläuft: Zu Lebzeiten der Mutter hatte der alte Bendemann sein Geschäft sicher im Griff, während der Sohn und Junggeselle Georg sich nicht entfalten konnte (1. Phase). Zwei Jahre vor Beginn der Erzählung ändern sich mit dem Tod der Mutter die Verhältnisse: Der Vater verliert an Kraft und Einfluss und Georg wird zu einem erfolgreichen Kaufmann, der sich außerdem zu verheiraten gedenkt. Diese 2. Phase erstreckt sich in die Erzählung hinein und schlägt mit dem plötzlichen Wiedererstarken des Vaters in die 3. Phase um, die mit dem Tod wohl beider Kontrahenten, zumindest aber dem Georgs, endet;
- ist der Machtgewinn des Vaters als plötzliche ‚Wiederauferstehung' des strafenden Vaters aus der Kindheit gegenüber einem Sohn, der sich zu einem hilflosen Wesen zurückentwickelt hat, gestaltet; dazu passt wiederum die unpersönliche und eigenartig anonyme Darstellung der Vaterfigur, die vor allem durch gestische Elemente, im Hinblick auf die äußere Erscheinung aber durch voneinander isolierte Einzelheiten charakterisiert ist: das Auge, die Pupillen, das „struppige(n) weiße Haar" und die „Brust" (S. 14), der „Oberschenkel" und die „Narbe" (S. 17). Auch die ‚Käfer-Perspektive' wiederholt sich im Hinaufschauen Georgs zu seinem im Bett stehenden Vater. Die Psychoanalyse würde auch hier von einer ‚Vater-Imago' sprechen;
- ist der Tod des Sohnes durch den Vater verursacht – einerseits durch den Apfelwurf, andererseits durch das Urteil;

- spielt die Beziehung zu Frauen im Rahmen des Vater/Sohn-Konflikts eine bedeutende Rolle – im einen Fall zur Schwester, im anderen zur Verlobten;
- stirbt der Sohn in liebendem Gedenken an seine Eltern.

Im Unterschied zur *Verwandlung* aber
- ist der Machtkampf zwischen Vater und Sohn phasenverschoben: Zu Beginn der Geschichte befindet sich Georg noch im Vollbesitz seiner Kräfte und Möglichkeiten, vor allem ist er nicht ‚behindert', sodass die Ausgangssituation gerechter erscheint; auch scheint der Tod der Mutter den früheren Machtverlust des Vaters entscheidend beeinflusst zu haben;
- vernichtet der Vater den Sohn durch das Todesurteil mit Absicht, aber ‚nur' verbal; in der *Verwandlung* trägt er durch physische Gewalt, aber ohne Vorsatz, zum Tod Gregors bei;
- ist mit der Figur der Braut die erotische Thematik weit deutlicher ausgearbeitet, denn Gregors Verhältnis zu seiner Schwester lässt nur einen Inzest**verdacht** zu;
- richtet sich Georg selbst; sein Tod vollzieht sich als schnelle Vollstreckung und steht insofern in einem Kontrast zum langsamen Sterben Gregors;
- baut Georg eine selbstständige Existenz auf und hat seinen Vater lange Zeit vernachlässigt, ihn also nicht – wie Gregor seine Familie insgesamt – bis zur Selbstaufopferung umsorgt;
- erscheint die Mutter – jedenfalls in der Darstellung des Vaters – als dessen Verbündete; von einer Mutter/Sohn-Beziehung ist nicht die Rede;
- kommt die Darstellung des Vater/Sohn-Konflikts ohne phantastische Elemente aus, erscheint aber in hohem Maße irreal und grotesk verfremdet, was vor allem die Gestalt des Petersburger Freundes bestätigt;
- ist schließlich der Konflikt ganz auf Vater und Sohn zugespitzt sowie – im Hinblick auf die Deckung von Erzählzeit und erzählter Zeit, den einheitlichen Schauplatz und die geradlinige Handlung – äußerst konzentriert in Szene gesetzt.

Der Petersburger Freund
Der Freund in der Fremde ist die rätselhafteste Figur der Geschichte. Noch weit mehr als der Vater erscheint er als ‚gesichtslose' und anonyme Person, die sich einem psychologischen Verständnis entzieht und Fragen aufwirft: Warum ist für den vielbeschäftigten Georg gerade dieser Freund so wichtig? Warum sucht er gerade in dieser Sache nach Monaten das Zimmer des Vaters auf? Und wie erklärt sich die stark gefühlsbetonte Beziehung des Vaters zu eben diesem Freund, den er als „Sohn nach meinem Herzen" bezeichnet (S. 16) und mit dessen Hilfe er seinen Triumph vollendet, als er das Geheimnis seiner langjährigen Briefpartnerschaft lüftet? Die Gestalt des Freundes scheint nach alledem ins Zentrum des Vater/Sohn-Konfliktes zu führen. Dafür spricht auch, dass Georg beim Vorwurf des Vaters, er habe den Freund betrogen, erstmals den Blickkontakt zu diesem verliert und ihm beim „Schreckbild" des alten Bendemann die Schreckensvision des ausgeraubten Freundes vor Augen steht (S. 17).

Man kommt hier nicht weiter, wenn man – wie bei realistischen Texten – von einer eigenständigen, individuellen Figur ausgeht. Kafka selbst weist hier einen anderen Weg:

> „Der Freund ist die Verbindung zwischen Vater und Sohn, er ist ihre größte Gemeinsamkeit. Allein bei seinem Fenster sitzend, wühlt Georg in diesem Gemeinsamen mit Wollust, glaubt den Vater in sich zu haben, und hält alles, bis auf eine flüchtige traurige Nachdenklichkeit, für friedlich. Die Entwicklung der Geschichte zeigt nun, wie aus dem Gemeinsamen, dem Freund, der Vater hervorsteigt und sich als Gegensatz Georg gegenüber aufstellt, verstärkt durch andere kleine Gemeinsamkeiten, nämlich durch die Liebe, Anhänglichkeit der Mutter, durch die treue Erinnerung an sie und durch die Kundschaft, die ja der Vater doch ursprünglich durch das Geschäft erworben hat. Georg hat nichts; die Braut, die in der Geschichte nur durch die Beziehung zum Freund, also zum Gemeinsamen, lebt, und

die, da eben noch nicht Hochzeit war, in den Blutkreis, der sich um Vater und Sohn zieht, nicht eintreten kann, wird vom Vater leicht vertrieben. Das Gemeinsame ist alles um den Vater aufgetürmt, Georg fühlt es nur als Fremdes, Selbstständig-Gewordenes, von ihm niemals genug Beschütztes, russischen Revolutionen Ausgesetztes und nur weil er selbst nichts mehr hat als den Blick auf den Vater, wirkt das Urteil, das ihm den Vater gänzlich verschließt, so stark auf ihn."[40]

Übersetzt man die auch hier etwas verschlüsselte und literarische Ausdrucksweise des Autors, so zeigt sich: Es geht nicht um den Freund **als solchen,** er erfüllt vielmehr eine ganz bestimmte **Funktion** bei der Darstellung des Vater/Sohn-Konflikts, indem er zunächst ihre „Verbindung" personifiziert, dann aber – als eine Art ‚Katalysator' – die weitere „Entwicklung der Geschichte" bis zur Katastrophe rasant vorantreibt. Diese Funktion kann er nur erfüllen, weil Georgs Identität letztlich von **ihm** abhängt, jener nach dem Verlust des Freundes „selbst nichts mehr hat" und daher „das Urteil [...] so stark auf ihn" wirkt, dass er es sofort vollstreckt. Um diesem Schicksal zu entgehen, ist das Fundament seiner Existenz nach Kafka zu schwach entwickelt: Das väterliche Geschäft verweist nach wie vor auf seinen Gründer und selbst die Verlobte ist vor einer Heirat in der Familie nicht fest verankert. Alle diese Details ordnen sich einigermaßen zu einem ‚Sinn', wenn man annimmt, dass der Freund Georg als eine Art ‚Gegenbild' zugeordnet ist, eine andere und zwar gegensätzliche Lebensform verkörpert, die aber seiner früheren ähnlich ist!

Dies vorausgesetzt,

- erklärt sich die Vorliebe des **Vaters** für den Freund als Wunsch nach einem anderen Sohn, der sich als ‚ewiger Junggeselle' um ihn kümmern könnte und aufgrund seines Misserfolgs als Konkurrent in geschäftlichen Dingen nicht in Betracht käme;
- erklärt sich **Georgs** zögernde Haltung dem Freund gegenüber als Ausdruck seines schlechten Gewissens, das ihn bei einer Konfrontation mit der anderen Lebensform, die er wohl allzu

schnell zugunsten seines Erfolgs verdrängt hat, überwältigen könnte; dieses schlechte Gewissen äußert sich dann auch bei der Begegnung mit dem vernachlässigten Vater, jedoch zu spät, wie dieser erkennt: „Wie lange hast du gezögert, ehe du reif geworden bist!“ (S. 19);
- erklärt sich die Reaktion **Friedas**, bei einem solchen Freund hätte er sich besser nicht verloben sollen, als Zeichen der Besorgnis, Georg könnte in sein früheres Junggesellentum zurückfallen und für eine Ehe untauglich werden.

Weiterhin
- lässt sich die **briefliche Kommunikation** mit dem Freund als angestrengter Versuch deuten, seine frühere mit seiner jetzigen Existenz zu versöhnen, die ehemalige Lebensform aus der ‚russischen Verbannung‘ zu befreien und so eine Kontinuität (Folgerichtigkeit) in seinem Leben herzustellen – d. h. zu einem reifen, wirklich erwachsenen Menschen zu werden;
- stellt der **Besuch beim Vater** die von Anfang an riskante Unternehmung dar, den angestrebten Reifungsprozess durch die Autorität der ‚obersten Instanz‘ beglaubigen zu lassen; diese Absicht ist aber zum Scheitern verurteilt, da der Vater einen abhängigen und ‚geschlechtslosen‘ einem erfolgreichen Sohn vorzieht. Seine enge Verbindung mit dem Freund bedeutet im Grunde eine Abspaltung des zum Ideal verklärten früheren Georg von dem jetzigen Sohn, der folgerichtig vernichtet werden muss. Der sofortige Zusammenbruch des alten Bendemann könnte darauf hindeuten, dass er mit einer bloßen Wunschvorstellung allein bleibt und damit gleichfalls ‚verurteilt‘ ist: zu einer nun völligen Einsamkeit und Hilflosigkeit.

Diese Überlegungen können einiges Licht in das Dunkel der Geschichte bringen, doch müssen sie sich auf einer abstrakten Ebene bewegen, weil die Alltagspsychologie hier eben versagt. Begreift man den Petersburger Freund als Repräsentanten psychischer Zustände und Prozesse, so befindet man sich auf dem

Feld der Psychoanalyse (vgl. *Interpretationshilfe* S. 112). Denn über die Wünsche und Ängste, die hier im Spiel sind, wird nicht gesprochen und es gibt auch keinen Erzähler, der sie erläutern würde; sie kommen zum ‚Ausbruch', und der schockierte Leser muss nach besten Kräften eine Entschlüsselung anhand des scheinbar unlogischen Verhaltens der Figuren versuchen. **Sigmund Freuds** Annahmen über die menschliche Psyche können dabei durchaus hilfreich sein. Er unterscheidet drei Instanzen – das **Über-Ich** (Gewissen), das **Ich** (Kern der Persönlichkeit, vermittelnde Instanz) und das **Es** (Triebe, Bedürfnisse) – und geht davon aus, dass die Entstehung des ‚Über-Ich' durch die Verinnerlichung der väterlichen Gebote und Verbote zustande kommt; gelingt diese Entwicklung zu einer selbstbestimmten (autonomen) Persönlichkeit, so entsteht ein sozial verträgliches Verhalten, das in allen Lebenslagen den richtigen Ausgleich zwischen den Triebansprüchen des ‚Es' (z. B. Sexualität) und gesellschaftlichen Normen (z. B. Arbeit) findet. Misslingt aber dieser Prozess, z. B. aufgrund einer brutalen Erziehung, dann findet sich ein schwaches (labiles) ‚Ich' von einem gnadenlos strengen ‚Über-Ich' überwacht und verfolgt, was zu ständigen Schuldkomplexen und Ängsten führt [41]. – Georg Bendemanns Verhalten und seine Gedanken passen genau in dieses Persönlichkeitsbild: Sein äußerer Erfolg ist eine von ständigem Einsturz bedrohte Fassade, weil das Entscheidende, eine festgefügte Persönlichkeit, fehlt! Nur so kann ein Teil seines ‚Ich' sich verselbstständigen und ihm – in Gestalt des Petersburger Freundes – gemeinsam mit dem Vater als tödliche ‚Über-Ich'-Drohung entgegentreten.

Ob Kafka, der einige Schriften Freuds kannte, hier mit Absicht ‚literarische Psychoanalyse' betrieben hat, lässt sich nicht belegen. Er empfand die Erzählung *Das Urteil* als Durchbruch in seinem literarischen Schaffen (vgl. *Interpretationshilfe* S. 7 f.) und war sich ihres besonders engen Zusammenhangs mit seinen eigenen Lebensumständen bewusst:

> „Georg hat so viele Buchstaben wie Franz. In Bendemann ist ‚mann' nur eine für alle noch unbekannte Möglichkeiten

der Geschichte vorgenommene Verstärkung von ‚Bende'. Bende aber hat ebenso viele Buchstaben wie Kafka und der Vokal e wiederholt sich an der gleichen Stelle wie der Vokal a in Kafka.
Frieda hat ebensoviel Buchstaben wie F. [Felice] und den gleichen Anfangsbuchstaben wie B. [Bauer] und durch das Wort ‚Feld' auch in der Bedeutung eine gewisse Beziehung. Vielleicht ist sogar der Gedanke an Berlin nicht ohne Einfluss gewesen und die Erinnerung an die Mark Brandenburg hat vielleicht eingewirkt."[42]

Schuld und Strafe

Der Titel der Erzählung verweist auf den Zusammenhang zwischen Schuld und Strafe. In juristischer Hinsicht muss ein **Urteil,** wenn es gerecht sein will, ein Vergehen bzw. Verbrechen angemessen – entsprechend der Tatschwere, unter Berücksichtigung von Täter, Opfer und allgemeiner Prävention (Vorbeugung) – bewerten und bestrafen; unter rechtsstaatlichen Bedingungen gibt es die Möglichkeit der Berufung auf eine höhere Instanz, die zur Aufhebung, Abänderung oder Bestätigung des ursprünglichen Richterspruchs führen kann. In Kafkas Erzählungen und Romanen wird der juristische Komplex von ‚Schuld und Strafe' zu einem zentralen literarischen Thema: dieses kann, muss aber nicht mit dem des Vater/Sohn-Konfliktes verbunden sein. Wie schon erwähnt (Vgl. Biografie und Entstehungsgeschichte), wollte er *Urteil* und *Verwandlung* zusammen mit dem ‚Heizer'-Kapitel des Romans *Der Verschollene* in einem Band mit dem Titel *Die Söhne* veröffentlichen. Etwa zwei Jahre später – 1915 – erwog er eine Zusammenstellung der ersten beiden Erzählungen mit der neu hinzugekommenen *In der Strafkolonie* unter dem Titel *Strafen*[43]. Was bei der Interpretation der *Verwandlung* deutlich wurde, gilt auch für das *Urteil*: In Kafkas Texten wird keine juristisch oder auch nur moralisch eingrenzbare Einzelschuld ‚verhandelt', sondern eine solche, die man am ehesten noch als ‚Existenzschuld' bezeichnen könnte.

Wie Gregor Samsa

- wird Georg Bendemann für sein ‚verfehltes Leben' bestraft, dessen Versäumnisse ihm der Vater ja deutlich genug vorhält;
- ist er nicht im üblichen Sinne, jedenfalls nicht alleine verantwortlich für seine ‚Schuld'; deren Ursachen reichen weit über eine persönliche Verantwortlichkeit hinaus, verweisen auf die gestörten familiären Verhältnisse und insbesondere auf das ‚diktatorische' Rollenverständnis des Vaters;
- erleidet er die strengste aller Strafen, den Tod. Sein Sterben ist allerdings gewiss weit weniger qualvoll als das Gregors;
- wird Georg von seinem Vater und ‚Erzeuger' („ich, von dem du ausgingst") (S. 18) vernichtet, wenn dies auch – in beiden Fällen – nicht direkt geschieht;
- scheint auch Georg sein Schicksal voll und ganz zu akzeptieren, obwohl im einen Fall kein Schuldspruch vorliegt *(Verwandlung),* im anderen die wilden Anklagen des Vaters keine Möglichkeit zu wirklicher Einsicht und Anerkennung der Schuld lassen *(Urteil);* überdies sterben beide Söhne in liebendem Gedenken an ihre Eltern, damit auch an ihre ‚Erzeuger'.

Was die ‚Vollstreckung' betrifft, so kommt das *Urteil* zu einer radikaleren Lösung als die *Verwandlung.* Es fällt aber auf, dass der Vater nicht die Rolle des Täters spielen will, sondern die ‚Ausführung' dem Sohn überlässt. So trifft jenen keine direkte Schuld und es hat den Anschein, als ob der von den Söhnen akzeptierte und herbeigeführte bzw. -gesehnte Tod ein Akt der ausgleichenden Gerechtigkeit sei. Auch ein juristisches Urteil zielt ja unter rechtsstaatlichen Verhältnissen darauf ab, vom Täter nicht nur hingenommen, sondern auch eingesehen zu werden. Der Leser wird sich damit aber nicht abfinden können: Seine Empörung gilt der brutalen Selbstgerechtigkeit der Väter ebenso wie der elenden Willensschwäche der Söhne.

2.3 Aufbau und literarische Form

Das Urteil enthält zwar keine einzige Begebenheit, die nur annähernd so phantastisch und irreal wäre wie Gregors Verwandlung in ein Ungeziefer. Trotzdem ist der Text insgesamt schwerer zugänglich, voller Widersprüche und Unklarheiten. Mit Blick auf seine Entstehungsgeschichte (vgl. *Interpretationshilfe* S. 7 f.) kann man vermuten, dass Kafka sich schreibend und ‚in einem Zug' von ihn bedrängenden Lebensproblemen ‚befreien' wollte. Bereits die Inhaltsangabe weist aber auf eine Struktur der Geschichte hin, die sie als literarisches Werk – und nicht einfach als biografisches Dokument – ausweist. Obgleich eine Untergliederung vom Autor nicht vorgenommen wurde, lassen sich unschwer drei etwa gleich lange Teile erkennen. Eine einleitende **Exposition** (S. 7 – 11) vermittelt dem Leser notwendige Informationen über Georgs Lebensgeschichte, seine jetzige Situation und seine Zukunftspläne; die anderen Personen – vor allem der Freund und der Vater, aber auch die Verlobte sowie die Mutter – werden eingeführt. Dies geschieht – ohne alle Elemente von Handlung – vermittels einer Wiedergabe der Gedanken, die dem am Schreibtisch sitzenden Georg durch den Kopf gehen, und zwar im stark raffenden **Erzählerbericht.** – Lässt sich auch nicht genau entscheiden, wie viel Zeit Georgs Überlegungen einnehmen, so kann man für die zweite und dritte Phase des *Urteils* von einer etwaigen Übereinstimmung zwischen **Erzählzeit** und **erzählter Zeit** ausgehen. Nicht nur deswegen gewinnt die Erzählung hier – also überwiegend – die Gegenwärtigkeit einer dramatischen Bühnenhandlung, sondern auch aufgrund des vorherrschenden **szenischen Erzählens**: Die Auseinandersetzung zwischen Vater und Sohn spielt sich hauptsächlich im Dialog ab, der ergänzt wird durch Gedanken und Gefühle Georgs, Gestik, Mimik und Bewegungen im Raum. Nicht die **Form** der Darstellung unterscheidet also die zweite Erzählphase (S. 11 – 16) von der dritten (S. 16 – 20), sondern das dargestellte **Geschehen.** Der zweite Teil steht noch im Zeichen Georgs, der den Dialog durch längere Redebeiträge bestimmt und sein Vorhaben, den Vater ins Bett zu bringen, auch durchführen kann. Allerdings zeigen sich hier schon kleinere Unsicherheiten in seinem Verhalten, bedingt durch eine unterschwellige Bedrohlichkeit des alten Bendemann, die im Widerspruch zu dessen angeblicher Hinfälligkeit steht. Dies alles erzeugt eine sich steigernde **Spannung,** die sich plötzlich entlädt, als der Vater im Bett aufspringt und seinen Sohn mit Vorwürfen ‚überfällt'. Man kann hier – zu Beginn der dritten Phase – mit vollem Recht von einer **Peripetie** sprechen, denn dieser Höhepunkt bringt zugleich die entscheidende Wendung, die in der dritten Phase zur **Katastrophe,** dem Urteil und dessen Vollstreckung, führt. In diesem Teil sind die Positionen zwischen den ‚Gegnern' vertauscht: Georgs anfängliche Unsicherheit steigert sich zu einer völligen Orientierungslosigkeit, während der Vater mit seinen Vorwürfen, Beschimpfungen und Drohungen den Dialog, der eigentlich keiner mehr ist, beherrscht.

Anders als die *Verwandlung,* folgt der zunächst planlos und konfus wirkende Text tatsächlich dem **Verlaufsschema eines Dramas.** Neben den ‚theatralischen' Darstellungselementen, die den zweiten und dritten Teil überwiegend ausfüllen, passt zu diesem Befund auch die Tatsache, dass der Vater die direkte Konfrontation mit seinem Sohn sucht und die Katastrophe bewusst heraufbeschwört. Ein weiteres Merkmal des Aufbaus betrifft die asymmetrisch-spiegelverkehrte Gestaltung der zweiten und dritten Erzählphase, und zwar hinsichtlich der Beteiligung der Figuren am Dialog (2. Teil: Georg ausführlich, der Vater zumeist knapp; 3. Teil: Georg sehr knapp, der Vater ausführlich) und ihres in Gesten und Bewegungen fassbaren Verhaltens (2. Teil: Georg aktiv, der Vater passiv; 3. Teil: Gregor passiv, der Vater aktiv). Der erste und letzte Absatz der Geschichte sind über das Motiv der Brücke und des Flusses aufeinander bezogen und bilden somit einen bedeutsamen Rahmen.

Die Frage nach der literarischen Form lässt sich – im Unterschied zur *Verwandlung* – kurz abhandeln. Trotz des ‚dramatischen' Aufbaus kann das *Urteil* nicht als Novelle eingestuft werden. Schon der relativ geringe Umfang des Textes und der allzu rasante und sich gegen Ende zu überstürzende Ablauf der Handlung fallen hier ganz aus dem Rahmen des Üblichen. Vor allem trifft aber die zentrale Definition der Gattung als Erzählung mit einer ‚unerhörten Begebenheit', die über das sonstige Geschehen hinausragen muss, nicht zu: Die Verurteilung des Sohnes durch den Vater und deren spontane Vollstreckung ist in der Tat ein unerhörter Vorgang. Doch im Vergleich zu anderen Ungereimtheiten und widersinnigen Vorgängen wirkt der Schluss auf den Leser fast schon folgerichtig; nach allem, was bereits vorgegangen ist, erscheint er jedenfalls bei weitem nicht so schockierend wie die Existenz des ‚Käfers' Gregor inmitten des normal funktionierenden Alltags der Familie Samsa. Man wird das *Urteil* daher als Prosatext, Geschichte oder kurze Erzählung bezeichnen.

2.4 Erzählweise und Sprache

Die Ergebnisse zur Erzählweise und sprachlichen Gestaltung der *Verwandlung* lassen sich mit einigen kleineren Abstrichen auf das *Urteil* übertragen. Ein **auktorialer,** aber sich neutral zurückhaltender **Erzähler** meldet sich im ersten Absatz und im allerletzten Satz der Erzählung zu Wort; in der Einleitungspassage nähert er sich aber bereits der Perspektive Georgs an, als dieser aus dem Fenster schaut (S. 7). Die Aussage über den „Verkehr" auf der Brücke im Schlusssatz wird dagegen nach Georgs Sturz in die Tiefe formuliert. (S. 20).

Die erste Phase der Geschichte ist in jener nüchtern-präzisen Sprache eines neutralen **Erzählerberichts** gefasst, die wir aus der *Verwandlung* kennen. Ihr Anfang („Er dachte darüber nach ...") zeigt, dass dem Leser hier durchweg die Reflexionen der Hauptfigur mitgeteilt werden, es liegt also nicht nur eine **personale Erzählperspektive,** sondern **erlebte Rede** vor. Das **szenische Erzählen** bedient sich, wie wir beim Durchgehen des

Inhalts bereits gesehen haben, der üblichen Mittel. Zwar ist Georg nicht der passive Beobachter Gregor Samsa, sondern ständig aktiv am Geschehen beteiligt; aus seinem Blickwinkel werden aber alle – äußeren und inneren – Vorgänge dargestellt: Dialogteile und Aktionen, auf denen der ‚dramatische' Charakter dieser Textpassagen beruht, werden durch eingeschobene Beobachtungen, Reflexionen und Visionen der Hauptfigur unterbrochen. Die ganz und gar subjektive Sicht der Ereignisse ergibt sich aus der – immer ausschließlicheren – Fixierung von Georgs Blick auf den Vater, wobei die reflexiven Unterbrechungen durch das aktuelle Geschehen, das den Sohn überwältigt, schließlich ganz verdrängt werden (S. 16–20).

Im Vergleich zur *Verwandlung* zeigen Erzählweise und Sprache des *Urteils* einige besondere Merkmale, die abschließend aufgelistet werden:

- Die Topografie der Wohnung ist nicht ausgeführt; erwähnt wird nur, dass Georgs Zimmer mit dem des Vaters „durch einen kleinen Gang" (S. 11) verbunden ist.
- Der größte Teil der Erzählung, die eigentliche Handlung, spielt sich ausschließlich im Zimmer des Vaters ab. Diese Konzentration auf einen Raum, verbunden mit einer gut überschaubaren Zeiteinheit und einer einheitlichen Handlung ohne Verzweigungen, entspricht überdies der Bauform des klassisch-aristotelischen Dramas (drei Einheiten); die These vom ‚dramatischen' Charakter des Textes erfährt dadurch eine zusätzliche Bestätigung.
- Die Atmosphäre des Schauplatzes hat – aufgrund der Dunkelheit und Abgeschlossenheit – eine stark suggestive Wirkung. Das „Schreckbild" des Vaters, der sich mit seinem „Schlafrock" gespenstisch von der dunklen Umgebung abhebt (S. 12), kann sich so nach und nach entfalten, und die Orientierungsprobleme Georgs sind nicht zuletzt durch die Licht- und Luftverhältnisse in dieser ‚Grabkammer', in die er ‚hinabgestiegen' ist, bedingt. Die in der *Verwandlung* von Anfang an gegebene außergewöhnliche Situation muss hier erst hergestellt werden.

– Der Sprachstil des *Urteils* bestätigt in der ersten Erzählphase durchweg die Ergebnisse zu Wortmaterial und Syntax der *Verwandlung* (Nüchternheit, Präzision, Detailreichtum, komplexer hypotaktischer Satzbau). Durch das Vorherrschen direkter Rede im zweiten und dritten Teil wird er um alltagssprachliche Stillagen erweitert. Zu nennen sind hier die Schimpfworte, Drohungen und ‚ordinären' Ausdrücke des Vaters („widerliche Gans", „Früchtchen", „Hintern" …), umgangssprachliche Wendungen („untergekriegt", „herangemacht"), ebenso auch kurze, einfache und z. T. unvollständige Sätze (Ellipsen) aufseiten beider Dialogpartner.

1 Grundriss der Kafka-Rezeption

Geht man von Kafkas Lebensdaten und dem Erscheinungszeitraum seiner Werke aus, so ist er der literarischen Epoche des Expressionismus zuzuordnen; *Die Verwandlung* erschien erstmals in den *Weißen Blättern,* einer wichtigen expressionistischen Zeitschrift. Zu seinen Freunden und ersten Rezensenten gehören gleichfalls Wegbereiter dieser literarischen Strömung, wie z. B. sein enger Freund **Max Brod.** Gero von Wilpert definiert den Expressionismus als

> „Ausdruckskunst, Strömung zuerst der europ. bildenden Kunst, dann besonders der dt. Lit. rd. 1910 – 1925. Getragen von der zwischen 1875 und 1895 geborenen Generation und ausgelöst bes. durch das Erlebnis der inneren Krise vor dem 1. Weltkrieg und diesen selbst, stellt er geistesgeschichtlich eine Reaktion der Seele dar gegen die materielle Wirklichkeitsnachbildung im Naturalismus einerseits und die Wiedergabe äußerer Eindrücke im Impressionismus andererseits [...] Aus dem Protest gegen die behagliche Selbstzufriedenheit im Wohlstand des Bürgertums entsteht ein Kampf der Generationen, der in häufiger Verwendung des Vater-Sohn-Motivs Niederschlag findet. Das Streben nach einer Erneuerung, Verwesentlichung des Menschen und neuer Sinngebung des Daseins in verbrüdernder Liebe und Menschenwürde wendet sich gegen fortschreitende Mechanisierung und Zivilisation und dringt als Revolution des Gefühls selbst zu religiöser Haltung vor."[44]

Zu einem tieferen Verständnis Kafkas trägt die Kenntnis dieser Epochenmerkmale allerdings wenig bei und so bemerkt der Verfasser auch, dass er mit seiner „Revolution(en) der Erzählkunst" eher „am Rande" der Epoche steht [45]. Das wird deutlich, wenn man die Gestaltung des Vater-Sohn-Motivs bei Kafka bedenkt, das mit üblichen – sozial und politisch ausgerichteten – Protesthaltungen gegenüber dem bürgerlichen Milieu wenig zu tun hat.

Gleichwohl beginnt, wie schon gesagt, die Rezeption des Schriftstellers zu seinen Lebzeiten mit – in der Regel feuilletonistischen – Besprechungen im literarischen Freundes- und Bekanntenkreis. Erst nach Kafkas Tod kommt es zu literaturwissenschaftlichen Auseinandersetzungen mit seinen Arbeiten, die aber – wie die Beschäftigung mit ihm überhaupt – durch die völkisch-antisemitische Literaturpolitik des Nationalsozialismus unterbrochen und ins Ausland verlagert wird. Wichtige Werke wurden schon in den dreißiger Jahren ins Englische und Französische übersetzt. Vor allem in den Vereinigten Staaten gelang es exilierten deutschsprachigen Germanisten und Schriftstellern – unter ihnen **Thomas Mann** und **Alfred Döblin** – auf Kafkas Bedeutung aufmerksam zu machen.

Nach dem zweiten Weltkrieg kehrte Kafkas Werk – zusammen mit den Allierten – in den deutschen Sprachraum zurück, wo es – nach 12 Jahren faschistischer Bevormundung – mit großem Interesse aufgenommen wurde. Der beginnende Weltruhm des Autors äußerte sich in zwei kurz hintereinander – 1946 und 1950 – begonnenen Gesamtausgaben in deutscher Sprache, wovon die erste in New York, die andere im Frankfurter S. Fischer-Verlag erschien. Kafkas Wirkungsgeschichte wurde allerdings durchkreuzt von der entstehenden Ost-West-Konstellation des Kalten Krieges; der ‚Eiserne Vorhang' zwischen westlich-kapitalistischen und östlich-sozialistischen Staaten machte sich in seinem Fall – wie auch in vielen anderen – als ‚literarische Demarkationslinie' bemerkbar. Im schroffen Gegensatz zur begeisterten Rezeption bei ‚kafkaesk' schreibenden Schriftstellern und bei Literaturwissenschaftlern in der BRD wurde Kafka in der DDR totgeschwiegen, wenngleich – verstärkt seit den siebziger Jahren –

die Germanisten sich durchaus mit ihm beschäftigten. Auch in den anderen Staaten im Einflussbereich der UdSSR galt Kafka als ‚bürgerlich-dekadent' und seine ‚Heimat', die Tschechoslowakei, machte hier keine Ausnahme. Das änderte sich hier – und auch in Polen, Rumänien und Ungarn – erst in den sechziger Jahren, allerdings mit gelegentlichen Rückschlägen wie der gewaltsamen Beendigung von Reformversuchen in der CSSR durch die Staaten des Warschauer Pakts. In der DDR wurde Kafka nach der ‚Wende' neu entdeckt.

Bemerkenswert ist die Beobachtung, dass die offizielle Ablehnung Kafkas in kommunistischen Ländern auf Argumente zurückgriff, die an die Literaturpolitik des Nationalsozialismus erinnern. Hier wie dort wurde seinen Werken ein Mangel an ‚Realismus', eine subjektivisch verzerrte Sicht der Wirklichkeit und das Fehlen einer klaren sowie – im Sinne der Machthaber – ‚fortschrittlichen' weltanschaulichen Position vorgeworfen. Die völkisch-rassistische Auffassung von ‚gesunder' Literatur und der Sozialistische Realismus mit seiner Betonung des ‚richtigen Klassenstandpunkts' kamen darin überein, dass Kafka der ‚Volksgemeinschaft' bzw. dem ‚Proletariat' nichts zu sagen habe, keine positiven Orientierungen gebe und somit ‚destruktiv' sei.

2 Interpretationsansätze und Deutungsvarianten

Untersucht man die Wirkungsgeschichte einzelner Werke Kafkas genauer, so sieht man sich daher auf amerikanische, westeuropäische und insbesondere westdeutsche Beispiele verwiesen. Hier trifft man allerdings auf eine wahrhaft unüberschaubare Situation, denn die Anzahl der Forschungsarbeiten – im Falle des ‚Proceß'-Romans sind es z.Z. allein weit über dreihundert Bücher – sprengt jeden Rahmen. In dieses ‚Chaos' lässt sich eine gewisse Ordnung bringen, wenn man **sechs prominente Interpretationsrichtungen** unterscheidet, denen wichtige Methoden der Literaturwissenschaft zugrunde liegen.

- Von Anfang an wurden **religiöse Deutungen** auf Kafkas Werk angewendet, die sich mit dem Judentum des Autors rechtfertigen und die Erzählwelt als Ausdruck einer religiösen Vorstellungswelt begreifen.
- Besonders in den fünfziger Jahren – als man in Westdeutschland noch unter dem Eindruck einer politischen Vereinnahmung von Literatur zu demagogischen Zwecken stand und ein unpolitisches Literaturverständnis hegte – hatten **philosophische Interpretationen** auf der Grundlage des französischen Existenzialismus (Camus, Sartre) und der deutschen Existenzphilosophie (Heidegger, Jaspers) Hochkonjunktur; die Erfahrung des ‚Absurden' (Camus) wurde ebenso hervorgehoben wie die Problematik von Freiheit und Verantwortung in einer von Gott und anderen metaphysischen Sicherheiten verlassenen Welt (Sartre).
- **Psychologische** und insbesondere **psychoanalytische Interpretationen** scheinen besonders geeignet zu sein, manchen – zunächst widersinnigen – Text besser zu verstehen. Kafka selbst waren die Schriften des Begründers der Psychoanalyse, Sigmund Freud (1856–1939) bekannt, und es mag sein, dass er hier theoretische Voraussetzungen für eine tiefere Beschäftigung mit eigenen Lebensproblemen fand. Denn die Psychoanalyse ortet die Ursachen von Persönlichkeitsstörungen in frühkindlichen Entwicklungen und somit im familiären Zusammenhang; ihr therapeutischer Ansatz geht davon aus, dass die ins Unbewusste (so z. B. ins Reich der Träume) abgedrängten ursächlichen Erfahrungen im Behandlungsgespräch zwischen Analytiker und Patient diesem bewusst gemacht werden können. Aber auch das literarische Schaffen kann eine Art ‚Therapie' sein, wenn nämlich innerpsychische Konflikte in Figuren und Situationen eines Textes umgesetzt und somit zugänglich werden.
- **Soziologisch ausgerichtete Interpretationen** konzentrieren sich auf bestimmte Aspekte der Werke wie z. B. das Berufsleben der Figuren; doch hat man den Eindruck, dass sie

nicht ins Zentrum der Texte vorstoßen. Kafkas ausgiebige Erfahrungen mit der Arbeitswelt haben eben nicht dazu geführt, dass gesellschaftliche Themen wie entfremdete Arbeit oder Ausbeutung zum Anlass seines literarischen Schaffens wurden, wenngleich sie auf die Existenz seiner Hauptfiguren durchaus Einfluss nehmen. Gerade dieser Sachverhalt hat die Rezeption Kafkas in kommunistischen Ländern lange Zeit blockiert, weil die Methoden der offiziellen Germanistik hier auf Grundlagen der marxistisch-leninistischen Philosophie beruhten.

- Wie schon mehrfach erwähnt, leistet die Biografie Kafkas bei der Deutung seiner Werke besonders gute Dienste. Die allermeisten germanistischen Arbeiten greifen daher – ob grundsätzlich oder beiläufig – auf die **biografische Methode** einer Entschlüsselung von Textelementen mithilfe lebensgeschichtlicher Konstellationen zurück.
- Das gilt zumeist auch – und entgegen ihrem Anspruch – für jene Methode, die eigentlich die Grundlagen für alle anderen Deutungsrichtigungen erarbeitet: den **werkimmanenten** oder **philologischen Interpretationsansatz.** Dieser hat eine möglichst genaue Analyse der literarischen Texte nach inhaltlichen sowie formalen Merkmalen und unter – weitgehendem – Verzicht auf ‚externe' Informationen (Biografie, Zeitgeschichte etc.) zum Ziel. Die Konzentration auf die Textgestalt mit allen ihren Details geht im Falle Kafkas so weit, dass zunehmend die handschriftlichen Fassungen seiner Arbeiten mitsamt den oft aufschlussreichen Streichungen und Varianten in den Mittelpunkt des Interesses rücken; diese Entwicklung ist in Zusammenhang mit der in den siebziger Jahren vorbereiteten und inzwischen abgeschlossenen ‚Historisch-Kritischen Ausgabe' des Gesamtwerks zu sehen.

Die Charakterisierung der Methoden zeigt schon, dass die Qualität einer Interpretation sicher nicht davon abhängt, ob man **alle** gleichmäßig berücksichtigt und miteinander verbindet. Solche pluralistische ‚Ausgewogenheit' scheitert schon daran, dass literarische Texte auf bestimmte Methoden mehr, auf andere weniger ‚ansprechen': der **soziologische Ansatz** z. B., der im Rahmen der Kafka-Rezeption eher eine Nebenrolle spielt, gewinnt eine zentrale Bedeutung, wenn es um die Interpretation der großen Dramen Brechts geht.

In der Praxis des Interpretierens kommt es häufig zu einer Überschneidung ähnlicher methodischer Zugriffe, etwa des biografischen mit dem psychologischen/psychoanalytischen. Das lässt sich im Falle des *Urteils* beobachten, während die weit häufiger als selbstständiges Werk interpretierte *Verwandlung* ein breiteres Deutungsspektrum aufweist.

Literaturhinweise

Textausgabe:

Franz Kafka: *Das Urteil und andere Erzählungen.* Frankfurt/Main (16. Aufl.) 1998: Fischer Taschenbuch Nr. 19.
(Diese Sammlung von neun zentralen Erzählungen Kafkas in der Originalfassung enthält auch *Die Verwandlung*).

Hartmut Binder: *Kafka-Kommentar zu sämtlichen Erzählungen.* München: Winkler, 1982 ff.
(Neben einer detaillierten biografischen Darstellung enthält dieses Grundlagenwerk sehr sorgfältige Wort- und Sachkommentare zu allen Erzählungen auf der Basis neuester Forschungsergebnisse.)

Wilhelm Emrich: *Franz Kafka. Das Baugesetz seiner Dichtung. Der mündige Mensch jenseits von Nihilismus und Tradition*
Frankfurt/Bonn: Athenäum 1970 ff.
(Dieses Werk bietet einen textnahen und undogmatischen Zugang zur Erzählwelt Kafkas auf der Grundlage eines breiten existenzphilosophischen Ansatzes und genauer Formanalysen und ermöglicht zudem ein Verständnis des Gesamtwerks.)

Klaus Wagenbach: *Franz Kafka.* Hamburg: Rowohlts Monographien Nr. 91, 1982 ff.
(Die ausführliche Biografie zeichnet sich durch große Genauigkeit und Anschaulichkeit aus. Berücksichtigung findet jeweils die Entstehungsgeschichte der Werke, aber auch der Zusammenhang zwischen Kafkas Lebensgeschichte und der Epoche.)

Klaus Wagenbach: *Franz Kafka. Bilder aus seinem Leben.* Berlin: Wagenbach 1983 ff.
(Der vorzügliche Bildband enthält neben Fotografien zahlreiche Dokumente. Sämtliche Abbildungen sind kommentiert; eine übersichtliche biografische Skizze ist – nach Lebensphasen untergliedert – über den Band verteilt.)

Anmerkungen

1 Emrich, Wilhelm: *Franz Kafka,* Ffm/Bonn 1970, S. 11
2 Kafka, Franz: *Briefe 1902–1924,* Ffm 1980, S. 392
3 Kafka, Franz: *Brief an den Vater,* Ffm 1982, S. 59
4 Kafka, Franz: *Tagebücher 1910–1923,* Ffm 1980, S. 311
5 Wolff, Kurt: *Briefwechsel eines Verlegers,* Ffm 1992, S. 30
6 Kafka, Franz: *Tagebücher 1910–1923,* Ffm 1980, S. 293 f.
7 Binder, Hartmut: *Kafka-Kommentar zu sämtlichen Erzählungen,* München 1982, S. 138
8 Ebd., S. 141
9 Kafka, Franz: *Briefe an Felice,* Ffm 1982, S. 144
10 Binder (1982), S. 144
11 Kafka, Franz: *Briefe an Felice,* Ffm 1982, S. 102
12 Ebd., S. 154
13 Ebd., S. 155
14 Kafka, Franz: *Briefe 1902–1924,* Ffm 1980 , S. 135/136
15 Drehbuch: Jan Nemec; Koproduktion ZDF/ORF; Sendetermin 1975, 1983 ; 60 Minuten.
16 Vgl. Rothe, Wolfgang: *Kafka in der Kunst,* Stuttgart/Zürich 1979
17 Binder, Hartmut: *Kafka. Der Schaffensprozess,* Ffm 1983, S. 154–160
18 Kafka, Franz: *Brief an den Vater,* Ffm 1982, S. 15
19 Ebd., S. 21
20 Ebd.
21 Kafka, Franz: *Sämtliche Erzählungen,* Ffm 1973, S. 235/236
22 Vgl. Vietta, Silvio/Kemper, Hans-Georg: *Expressionismus,* München 1975, S. 68–82
23 Vgl. Radkau, Joachim: *Das Zeitalter der Nervosität,* München 1998
24 Vgl. Frenzel, Elisabeth: *Motive der Weltliteratur,* Stuttgart 1988, S. 727–744
25 Ebd., S. 728
26 Vgl. Freud, Sigmund: *Abriss der Psychoanalyse,* Ffm 1995
27 Kafka, Franz: *Sämtliche Erzählungen,* Ffm 1973, S. 194/195

28 Binder (1982), S. 154
29 Vgl. Binder (1983), S. 160–173, vor allem S. 170
30 Kracauer, Siegfried: *Die Angestellten,* Ffm 1971
31 Vgl. Hermsdorf, Klaus: *Franz Kafka. Amtliche Schriften,* Berlin (DDR) 1984, S. 9–91
32 Wilpert, Gero von: *Sachwörterbuch der Literatur,* Stuttgart 1969, S. 183/184, 191/192
33 Vgl. Stanzl, Friedrich K.: *Theorie des Erzählens,* Göttingen 1991
34 Vgl. Beißner, Friedrich: *Der Erzähler Franz Kafka,* Ffm 1983, vor allem S. 123–148
35 Wilpert (1969), S. 526/527
36 Vgl. ebd.
37 Vgl. Goethe, Johann Wolfgang: *Novelle,* Stuttgart 1995, S. 3–30
38 Kafka, Franz: *Tagebücher 1910–1923,* Ffm 1980: Eintrag vom 19. 12. 1914
39 Wiese, Benno von: *Die Verwandlung.* In: *Die deutsche Novelle,* Band 2, Düsseldorf 1962, S. 324/325
40 Kafka, Franz: *Tagebücher 1910–1923,* Ffm 1980, Eintrag vom 11. 2. 1913
41 Vgl. Freud (Anmerkung 26)
42 Vgl. Anmerkung 41
43 Kafka, Franz: *Briefe 1902–1924,* Ffm 1980: Brief vom 15. 10. 1915 an den Verleger Kurt Wolff.
44 Wilpert, S. 246/247
45 Ebd., S. 247

Ihre Meinung ist uns wichtig!

Ihre Anregungen sind uns immer willkommen. Bitte informieren Sie uns mit diesem Schein über Ihre Verbesserungsvorschläge!

Titel-Nr.	Seite	Vorschlag

Bitte hier abtrennen

Die echten Hilfen zum Lernen ... **STARK**

Bitte hier abtrennen

Zutreffendes bitte ankreuzen! Die Absenderin/der Absender ist:

- ☐ Lehrer/in in den Klassenstufen: ______
- ☐ Fachbetreuer/in
  Fächer: ______
- ☐ Seminarlehrer/in
  Fächer: ______
- ☐ Regierungsfachberater/in
  Fächer: ______
- ☐ Oberstufenbetreuer/in
- ☐ Schulleiter/in
- ☐ Referendar/in, Termin 2. Staatsexamen: ______
- ☐ Leiter/in Lehrerbibliothek
- ☐ Leiter/in Schülerbibliothek
- ☐ Sekretariat
- ☐ Eltern
- ☐ Schüler/in, Klasse: ______
- ☐ Sonstiges: ______

STARK Verlag
Postfach 1852
85318 Freising

14-V1P

Bitte ausfüllen und im frankierten Umschlag an uns einsenden. Für Fensterkuverts geeignet.

Kennen Sie Ihre Kundennummer? Bitte hier eintragen.

Absender (Bitte in Druckbuchstaben!)

Name/Vorname

Straße/Nr.

PLZ/Ort

Telefon privat

Geburtsjahr

E-Mail

Schule/Schulstempel (Bitte immer angeben!)

Unterrichtsfächer: (Bei Lehrkräften!)

(Bitte blättern Sie um)